ベトナム

自分にぴったり合った食事、味　　　　への追求

甘味・塩味・酸味・苦味

　　ベトナム料理は、完璧な調和を求めて味覚の境界を越えていきます。
　それには、みなさんご存じのこの4つの味だけではなく、辛味や香辛料の利いたスパイシーな味、
スープと麺などの液体と固体の食材の組み合わせに、陰陽五行の思想——冷たい「陰」と温かい「陽」、
　そして「木・火・土・金・水」に分類される5つの要素——も大きく関わっています。

　　そうした観点からすれば、これこそベトナム料理だ！　という一皿は存在しません。
たとえばベトナムの食卓には、いつもたくさんの小皿が並びます。調味料や薬味に付け合わせなど、
　すべてが、たがいを補い完璧にするために用意されているものです。甘さと辛さが交わり、
　　　　液状のものにはかならず固形のものが添えられます。
完璧な調和を追い求めるのは、たったひとつの現実的な目的のためといっても過言ではありません
　　　——ただ、いちばん大切な人たちと食事を楽しみたいのです。

陰と陽

ベトナム料理は、調和と補完のシンボルである
「陰」と「陽」のバランスで成り立っています。

陰(身体を冷やす食材)

陰の食材はベトナム語で「ラィ
ン」と呼ばれます。**女性的な食
材**という扱いで、料理に丸みと
みずみずしさをもたらします。
具体的には、魚、甲殻類、青物
野菜、香草類、根菜、フルーツ、
乳製品、茶などです。

空心菜(陰)の
ガーリック(陽)炒め

トウガラシ塩(陽)を
ふりかけたフルーツ(陰)

あさり(陰)のレモングラスと
トウガラシ(陽)炒め

陽(身体を温める食材)

陽の食材は「ノン」と呼ばれ、**男性的な**、力強さを象徴する
食材です。料理にパンチと個性を与えつつ、陰の食材を補
完します。具体的には、スパイス全般、牛肉、アルコール、
チョコレート、コーヒー、紅茶、砂糖、塩などです。

この陰陽の思想があるからこそ、ベトナム料理の味の組
み合わせは唯一無二なのです。

自然療法が文化の一部になっているベトナムでは、たと
えば熱が出たときなど、ごく自然に身体を温める陽の食
材を減らして陰の食材を摂取します。わたしも熱がある
と、チョコレートと肉は食べさせてもらえませんでした。
逆に、寒気がしたり疲れていたりしたときには、母はショ
ウガやガランガル[ショウガ科の薬用植物]をたっぷり使っ
た料理を出してくれたものです。

それとは対象的に、暑い日に「クールダウン」するのに
最適なレシピがカイン・チュア・カー(魚の甘酸っ
ぱいスープ)です。スープは熱々なのですが、タマ
リンド、トマト、パイナップルといった身体を冷
やす陰の食材がもたらす酸味が、身体をリフレッ
シュしてくれます。このスープに入れてじっくり
煮込んだ魚の切り身に、食べる直前にたっぷり
の香草をトッピングして、ご飯といっしょにい
ただきます。

５つの要素（五行思想）

一皿の料理の調和を図るとき、ベトナム人が話題にしているのは実は味ではありません。要素です。
これは、すべてのものは自然界を構成する「木・火・土・金・水」の５つの要素に分類され、
互いに補ったり抑制したりしながらバランスを保っているという五行思想に基づいており、
味覚もそれぞれの要素に分類されて、食材の完璧なバランスを得るために生かされています。

火
苦味（ニンニク、タマ
ネギ、スパイスなど）

木
酸味（レモン、酢、
タマリンド、レモ
ングラスなど）

ベトナム人にとって、この５つの要素を組み
合わせたもっとも「完璧」な一品といえば、な
んといってもヌクマムソースでしょう。ベト
ナムの食卓に欠かせないものです。母は毎週
末、その週に使う分のソースを作って小さな
瓶に保存していました。皆さんも今までにき
っと一度は、生春巻きや揚げ春巻きをこのソ
ースにつけて食べたことがあるはずです。

土
甘味（砂糖、チョコレ
ート、フルーツなど）

水
塩味（魚醤、醤油など）
ヌクマム

金
メタル
辛味（トウガラシ、ショウガ、
ガランガル、コショウなど）

ヌクマムソースの作り方

小瓶1個分

水300ml、ヌクマム（水）大さじ4、ライム（木）果汁4個分、
砂糖（土）大さじ山盛り2、ニンニク（火）2片（みじん切り）、
赤トウガラシ（金）小1本（みじん切り）

すべての材料を瓶に入れ、砂糖が完全に溶けるまでしっか
り混ぜる。

食の歴史

ベトナム料理の歴史は、国が背負ってきた歴史の遺産そのものといえます。
最初のベトナム国家が北部で誕生するまで、
この地は紀元前2世紀から紀元10世紀までの1000年以上、中国王朝の支配下にありました。

「鳥の巣」麺

月餅

スープ麺

ベトナム風
ローストダック

中国王朝が残したもの

- 仏教、および僧侶の慣習だった菜食主義
- 王族や貴族にしか許されていなかった箸の使用の一般化
- 充実した稲作農業

この時代の遺産として、グリル料理全般に麺やビーフンをベースにしたものなど、たくさんのベトナム料理がいまでも残っています。

フランス文化の影響

ベトナムは1884年から1954年までフランスの植民地でした。植民地時代に持ち込まれたフランス文化について、現在、ベトナム人はかなりの好意をもって受け入れています。中国文字は植民地化がはじまる2世紀も前に姿を消しました。アレクサンドル・ドゥ・ロードというカトリックの神父が、ベトナム人への宣教と中国からの解放を目的にラテン文字を普及させたからです。ベトナム語の文字は音から作られたので、フランス人にとっては非常に読みやすくなっています。

植民地化された国では新しい産業が発展するのが常ですが、フランスの植民地ではフランス人のホームシックから食文化に目が向けられました。かくして、トマト、ニンジン、タマネギ、ジャガイモ、カリフラワーなど、「エキゾチック」と呼ばれるまったく新しい農作物がベトナム人の日常生活に入ってきたのです。ちなみに、これらの農作物を呼ぶときには、しばしばベトナム語で「フランスの」を意味する「タイ (tây)」という言葉がつきます。たとえば、ジャガイモは「コアイ・タイ」といいますが、「フランスのリンゴ」という意味です［フランス語でジャガイモはポム・ドゥ・テール＝土の中のリンゴという］。

ほかにも、新しくベトナムに持ち込まれたものの名前には、単純にフランス語の発音をベトナム語に転記しただけのものが多数あります。フランス語との発音の違いを見てみましょう。

アーティチョーク
仏［アーティショウ］
越［アティソー］

チーズ
仏［フロマージュ］
越［フォー・マイ］

目玉焼き
仏［ウフ・オー・プラ］
越［オプ・ラ］

サンドイッチ
仏［サンドウィッチ］
越［サン・ウィ］

ウオッカ
仏［ヴォドカ］
越［ヴォ・カ］

ビスケット
仏［ビスキュイ］
越［ビッ・クイ］

チョコレート
仏［ショコラ］
越［ソー・コー・ラー］

ケーキ
仏［ガトー］
越［ガー・トー］

バター
仏［ブール］
越［ボー］

ソース
仏［ソゥス］
越［ソッ］

コニャック
仏［コニャック］
越［コー・ニャック］

コーヒー
仏［カフェ］
越［カ・フェー］

ウィスキー
仏［ウィスキー］
越［ウィッ・キー］

ハム
仏［ジャンボン］
越［ザン・ボン］

オリーブ
仏［オリーブ］
越［オリウ］

ソーセージ
仏［ソウシッス］
越［スック・シック］

ビール
仏［ビエール］
越［ビァ］

食堂
仏［カンティーヌ］
越［カン・ティーン］

アイスクリーム
仏［クレーム・グラッセ］
越［ケム］

メニュー
仏［ムニュ］
越［メェ・ヌー］

パイ
仏［パテ］
越［パァ・テー］

シロップ
仏［シロ］
越［シ・ロー］

ヨーグルト
仏［ヤウール］
越［ザ・ウー］

キャラメル
仏［キャラメル］
越［カラメム］

プリン
仏［フラン］
越［バイン・フラン］

マスタード
仏［ムタール］
越［ムゥ・タッ］

サラダ
仏［サラッド］
越［サー・ラッ］

スープ
仏［スゥプ］
越［スップ］

ステーキ
仏［ビフテック］
越［ビッ・テッ］

ニンジン
仏［キャロット］
越［カー・ゾッ］

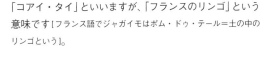

植民地下では、牛肉を食べる習慣も一般大衆のあいだに広まりました。それまで、牛や水牛は主に水田耕作のための道具だったのです。ちなみに、有名な牛肉のスープ麺「フォー」の名前は、フランスの煮込み料理「ポトフ（Pot-au-feu）」の「フー（feu）」という単語に由来します［ポトフは「火（feu）にかけた鍋（pot）」という意味］。フランスを代表する料理が、世界一有名なベトナムを象徴する料理になりました。

ベトナムの気候はコーヒー豆［カ・フェー］の栽培にも理想的です。植民地時代には一日中コーヒーを飲めるカフェがたくさんできました。同時に、ビール［ビァ］を提供するブラッスリーも誕生しています。この時代に作られたビール工場はいまも多く残っています。

フランス人にとって、パンのない生活なんてありえません。しかし当時は小麦粉の輸入に高額な費用がかかったため、ベトナム人は小麦粉と米粉を混ぜたパンを作りました。その結果、表面はフランスパンよりも薄くパリパリで、中身はよりフワフワで軽い、高温多湿なベトナムの気候に適したパンが誕生しました。

ベトナムのパンはバイン・ミーといいます。「パンのケーキ」という意味で、このパンを使ったサンドイッチも同じ名前で呼ばれています。マヨネーズを塗ったパンにパテやソーセージ [スック・シック] を挟み、コリアンダーとベトナム風なますを加えて、あの有名なマギーソース®をかけれ

ば完成。ベトナム人のお気に入りの軽食です。マギーソース®はフランス人が持ち込んだ茶色い液体調味料ですが、もともと醤油好きだったベトナム人は、このソースを「フランス人の醤油」として愛用するようになりました。醤油よりも値段が高いので、その分、より高品質で美味しいものと見なされていて、**現在では醤油よりもずっと一般的に使われています。**

それまでまったく見られなかった乳製品も、ベトナムの気候に合わせて作られるようになり、いまでも多くの人から愛されています。

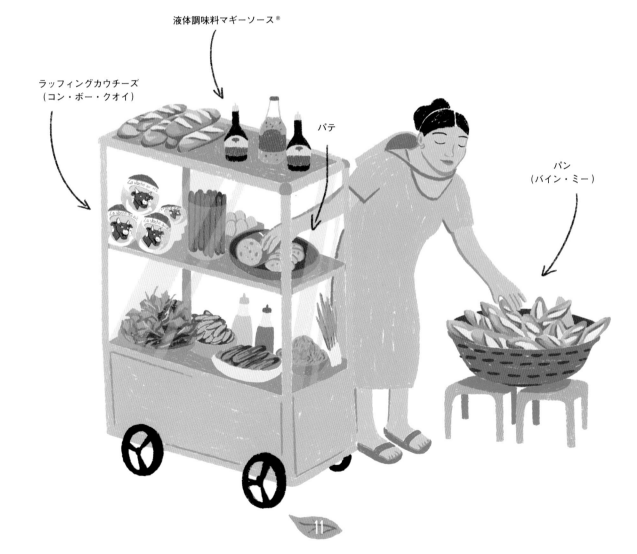

液体調味料マギーソース®

ラッフィングカウチーズ
（コン・ボー・クオイ）

パテ

パン
（バイン・ミー）

11

ベトナムの農業

ベトナム人にとってもっとも重要なのは農業です。このうえなく肥沃なめぐまれた土壌と湿度の高い気候で、人口の4割にあたる農業従事者の生活を支えています。

朝から晩まで農業に結びついたベトナム人の日常生活は、活気に満ちています。日の出前から、通りには屋台や市場に荷物を配達する二輪車が激しく行き交い、料理人たちは日が暮れた後も、その朝採れた食材を使って忙しく立ち働いています。

ベトナム人に稲作を伝えたのは中国人でした。いまや米はベトナムの主食となり、どの食卓でもご飯が盛られた茶碗が並んでいます。

5月、季節風が吹きはじめるころ、稲は壮大な軟らかい大地に植えられます。腰をかがめて規則的なラインに稲穂を植えていくのは、農民にとって**非常に骨の折れる作業です**。12月、稲穂が黄色く色づけば米が実ったサイン。収穫がはじまります。ベトナム人はだれもが、新鮮で甘い米が食べられる「新米の収穫」を心待ちにしています。ちなみに、ベトナム語には「米」を表現する言葉が3つあります。「ルァ」は水田の稲穂、「ガオ」は炊く前の米粒、そして「コム」は炊きあがったご飯を意味します。

ベトナムには米にまつわるこんな伝説が残っています。その昔、あるところに若い夫婦がいました。国を飢饉が襲い、日に日に痩せ細っていく愛妻の姿におびえた夫の提案で、ふたりは食べ物を探す旅に出ます。幾日もさまよい、妻はいよいよ自分の命がつきそうだと感じますが、ふと、鳥が地面をつついて小さな穀物を食べているのに気づきました。夫といっしょに食べてみると、なんともおいしい魔法のような食べ物で、すぐに力がみなぎり、顔色がよくなりました。**それこそが米だったのです。**

コショウ

ベトナムは世界一のコショウの生産国です。品質は
おおむね普通のレベルですが、唯一の例外がフーコ
ック島の産物。ベトナムの南に位置するこの小さな
島で栽培されるコショウは、多くの愛好家から世界
最高級品だという評価を得ています。栽培の秘訣は
母から娘へと伝承され、女性たちによって完全な手
作業で管理されています。

カシューナッツ

カシューナッツの生産国としてもベトナムは世界一です。
とはいえ、ベトナム人がカシューナッツを食べるのは主に
お祭りやお祝いなどの特別なときだけで、そのまま食べる
か、またはヌガーにして食べます。カシューナッツは、食
用の果実の下に生える種子の中身です。果実は非常に堅い
ため収穫は容易ではありませんが、おいしくて酸味のある
果汁がとれます。

サトウキビ

ベトナムのあちこちに生えています。砂糖にするのはもちろんですが、それだけではありません。通りにはその場でサトウキビを搾ってくれる小さなスタンドがいくつもあり、フレッシュな果汁はベトナムでもっともよく飲まれているドリンクのひとつです。また、串焼きの串の代わりに使うこともできます。自然と具材によい風味が加わるので、エビなどのおいしい串焼きが作れます。

コーヒー豆

ベトナムはブラジルに次ぐ世界第2位のコーヒー豆の産地ですが、なかでも有名な「ロブスタ種」というコーヒー豆が栽培されています。「ロブスタ」にはラテン語で「強靭」という意味がありますが、コーヒーの売り手は「ロブスタ種」を「アラビカ種」にブレンドして、その名のとおり力強さを与えるのに使います。苦味が加わりコクが出てコーヒーの味がいっそう引き立つだけでなく、カフェインの量も増やすことができます。ベトナム以外の国で、ロブスタ種100%のコーヒーを飲める機会はあまりないでしょう。

女性たちのあいだで
受け継がれるもの

ベトナムの家庭における女性の立場は、いまだに伝統に縛られています。
わたしと姉は幼いころから、母に若いベトナム人女性としての主な役割を伝授されました。

母が教えてくれたことを、わたしは長いこと「ベトナム人の女性および主婦としてのたしなみ完全パッケージ」と呼んでいました。つまりは、掃除、洗濯にアイロンがけ、裁縫、そして料理なのですが、**母は一家の主婦としての役割を、神聖な知識のようにわたしに伝授しました。**大人になってから困らないように、あらゆる武器を授けようとしたのです。家を整え、家族の世話ができるように。そしてまた、ていねいな仕事をすることの喜びも教えてくれました。こうした女性間の引き継ぎ——つまりは、愛情と家事という2つの土台なのですが——は、ベトナムのどの家庭でも行われています。

とはいえ、ベトナム人女性の役割は家庭だけに留まりません。ベトナムを旅してみれば、女性が国の経済の中心であることがおわかりになるでしょう。女性たちはヘトヘトになるまで働きます。水田での農作業はもちろん、街でもまだ涼しい朝の4時には起きて活動を開始します。子どもたちが目を覚ます前に、日の出とともにその日の食材を買いに出たり、通りでものを売ったり、屋台で料理を作っていたりします。店を切り盛りしているのはほとんど女性ですし、通りも自転車に乗ったり肩に天秤棒を担いだりした女性たちで溢れかえっています。彼女たちは一日に何度も家と職場を往復して、家では主婦として家族の食事を用意します。時間を管理しリズムを決めて、仕事と家庭を両立しているのです。

母は、特別な日にはいつもすてきな服を用意してくれました。写真を撮ることがあれば、かならず植物の隣に立って、片手で花を引き寄せ匂いを嗅ぐポーズをさせられました。それが美と清純を意味するポーズだったのです。ただし撮影が終わるとすぐに台所に行って、時間に間に合うように食事の準備をする母を手伝わなくてはいけませんでした。

母の教えには、わたしたちが生まれたときから、**将来結婚したときに夫の実家ではどのようにふるまい行動すべきか**、ということも含まれていました。ベトナムではいまでも、曾祖父母、祖父母、両親、子どもの4世代が同居する家庭がよく見られます。女性は結婚したら実家を出て夫の家庭に入り、義母と協力して家族全員の世話をします。

ベトナムの伝統では、一家の主婦が作る食事は家族への愛情表現であると同時に、その女性がどれほど勤勉な人物かを示す行為だとされています。

日常の食事

食事はベトナム文化をもっとも儀礼化し体系化した時間であり、
いろいろなしきたりがあります。とはいえ、ベトナム人にとっていちばん大切な観念とは、
和やかであること。したがって、外国人のお客様を招く際には
無理強いをしないように、そうしたしきたりには進んで目をつぶります。

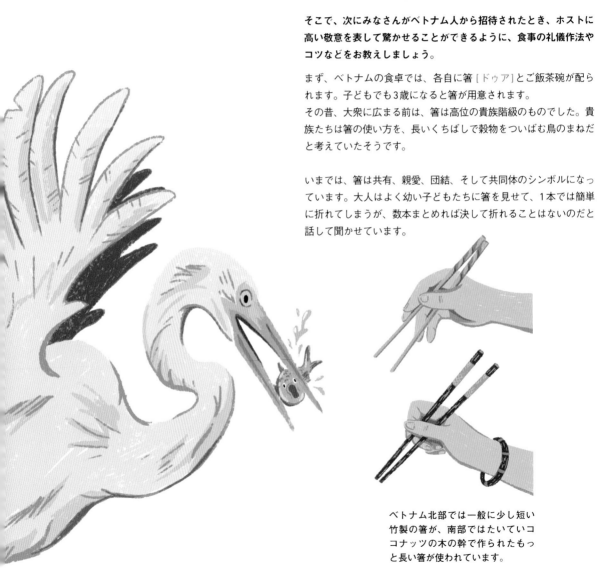

そこで、次にみなさんがベトナム人から招待されたとき、ホストに
高い敬意を表して驚かせることができるように、食事の礼儀作法や
コツなどをお教えしましょう。

まず、ベトナムの食卓では、各自に箸［ドゥア］とご飯茶碗が配ら
れます。子どもでも3歳になると箸が用意されます。
その昔、大衆に広まる前は、箸は高位の貴族階級のものでした。貴
族たちは箸の使い方を、長いくちばしで穀物をついばむ鳥のまねだ
と考えていたそうです。

いまでは、箸は共有、親愛、団結、そして共同体のシンボルになっ
ています。大人はよく幼い子どもたちに箸を見せて、1本では簡単
に折れてしまうが、数本まとめれば決して折れることはないのだと
話して聞かせています。

ベトナム北部では一般に少し短い
竹製の箸が、南部ではたいていコ
コナッツの木の幹で作られたもっ
と長い箸が使われています。

年長者を敬い、家庭内の序列を重んじるしきたりは、食卓の席に着くときからはじまります。まず祖父母がテーブルのいちばん奥に、次に両親、最後に子どもが座ります。円卓の場合は、祖父母と子どもたちのあいだに一定の距離を保つことで序列を尊重します。それから、子どもたちは食事のしかたを教わります。まず祖父母に料理を取り分けて、食べはじめてもらうのです。そのあいだ、妻は夫に対して同じことをします。年長者が食べはじめたら、子どもたちも自分の料理を取ることができます。

通常、すべての料理がいっせいにテーブルに並べられます。客は自分で好きな料理を選んで取ることができますが、守るべき礼儀作法がいくつかあります。それを次のページで見ていきましょう。

食事時の礼儀作法

➥食事に招待されたら、なにか小さなプレゼントを持参しましょう。美しいフルーツなどは象徴的で価値の高い贈り物です。

➥席に着くのは指示されるまで待ちましょう。ホストを務めるベトナム人の主婦は、かならず事前によく考えてゲストの席を決めています。

➥最年少者は年長者に、妻は夫に、それぞれ最初の一口として、食卓に並んだ料理の中からいちばんよいものを取り分けてすすめます。たとえば肉料理などの場合、いちばん軟らかそうな、大きな塊を選ぶといいでしょう！

➥料理はかならず一度、自分のご飯茶碗に取りましょう。食卓に置かれた皿から直接口に入れることは、決してしてはいけません。

➥料理を取るときには、テーブルを汚さないように、ご飯茶碗を片手に持って皿の近くまで寄せて取りましょう。

➥音を立てて食べるのはかまいません。食事を楽しんでいるように見えるからです！　ただし、ゆっくりと咀嚼（そしゃく）して食べること。

➥皿に残った最後の一口分は、かならず年長者か客にすすめられます。もしあなたが客の立場ならぜひもらってください。ホストが喜びます！

➥料理を取るときには、人に取ってあげるときも自分に取るときでも、かならず箸を逆さに持って使いましょう。ベトナムの箸はいっぽうが細く（料理を口に運ぶほう）、もういっぽうが太くなっています（料理を取るほう）。なによりも衛生観念が大事です！

➥料理をソースにつけて食べるときには、箸がソースに入らないように気を付けましょう。

➥料理は少量ずつ取りましょう。ご飯茶碗の縁まで溢れるほどの量を取ってはいけません。

➥ご飯をよそうときには、さじは偶数回使ってください。理想的には2回です。3という数字は、ベトナムでは祖先崇拝の観点から昔から縁起が悪いとして嫌われています（たとえば、写真は決して3人では撮りません）。

してはいけないこと

➥年長者より先に食べはじめてはいけません。

➥口に入れるほうの箸の先で料理を取ってはいけません。

➥自分の料理を取るとき、皿の中でいちばんおいしそうなところを選んでいるようなようすは、決して見せてはいけません。

➥気に入った料理ばかりを何度も取るのはやめましょう。すべての料理を味わってください。

➥箸を噛んだり、スプーンなどを舐めたりしてはいけません。

➥茶碗を両手でつかんで口に持っていくときは、先に箸をテーブルに置きましょう。

➥肘や手をテーブルにのせてはいけません。

➥ご飯茶碗の中にご飯粒を残してはいけません。

➥ご飯の中に箸を突き立てたり、箸で茶碗を叩いたり、だれかを指したりしてはいけません。また、箸を交差させないでください（それは葬式でのしきたりです）。

ベトナムの台所

ベトナムの家の中で、台所はもっとも重要な場所のひとつです。たいてい
食堂と同じくらいの広さがあり、家族がいちばん和気あいあいと過ごせる空間です。
床はほとんどがタイル貼りで、総じてタイルは壁の下部まで貼られています。
ベトナムでは床で調理をすることが普通なので、掃除をしやすくするためです。
女性は小さな腰掛けに座るかしゃがんだ姿勢で、
食材を切ったり洗ったり焼いたりと、食事の支度をします。

なぜベトナム人は、調理はもとより、日常業務のほとんどをしゃがんで行うのか？　その理由を知るには、「アジアン・スクワット」と呼ばれているこの姿勢のことを理解する必要があります。両足を並行に置き、かかとを床に着け、腿をふくらはぎに押し付けるのですが、足首の関節が柔らかいアジアの人たちがこの姿勢を取ると、身体中の筋肉が弛緩し全身がリラックスします。だから、ベトナム人は台所ではもちろん、洗濯をしたり食事をしたり、路上で集まったりしているときにもこの姿勢を取るのです。なんと出産のときでさえも！　西洋文化では椅子を使うため、この原始的で自然な姿勢を取らなくなりました。その結果、足首の柔軟性が失われてしまったのです。

テーブルと調理台を備えた台所があるのは裕福な家くらいで、ベトナムの伝統的な台所は床で調理をするような造りになっています。

そうした台所に欠かせない調理器具を、いくつかご紹介しましょう。

水道が引いてある台所がめずしい国では、たいてい台所にいくつものタライが置いてあります。野菜や皿を洗ったり、洗濯をしたりと、さまざまな用途に使用されます。

ベトナムの台所は色とりどりのプラスチック製の桶やザルで溢れかえっています。水を切ったり、材料を混ぜたり漬け込んだり、食材を貯蔵したりと、その用途は数え切れません。

ベトナムではおなじみの小さな腰掛けは、座るのはもちろんのこと、台所用具や調味料などを置くのにも使われています。

取っ手付きの水切りザル。水がとても貴重な台所では、1つの鍋でいくつもの調理を行います。この水切りザルなら、食材を分けてゆでられますし、沸騰した鍋から食材を取り出して湯を使いまわすことも楽にできます。

加熱調理をする場所には、たいていガスボンベに直接つなげたバーナーが1台だけ床に直接置いてあります。

調理には長めの箸を使います（一般的に約40 cmのもの）。とくにたくさんの具材を混ぜるのに適していて、揚げ物をするときにも火傷をせずに済みます。

市場

ベトナムのどこの都市でも農村でも、その土地の息吹をもっとも
感じられるのが市場です。ベトナム人の生活リズムを観察し、農産物が
国全体を支えているこの国の文化に浸りたいなら、市場に行くのがいちばんです。
市場は毎日開いていて、屋内でも屋外でも、いつでも同じ光景が繰り広げられています。
市場の一日のようすを見てみましょう。

4時
屋台の設置がはじまります。働いているのは主に女性です。
みんな自転車やバイク、スクーターの荷台に商品をくくりつ
けてやってきます。天秤棒に荷物をいっぱいに吊してくる人
もいます。床に直にものを置いている店が一般的で、女性た
ちはたいてい例のアジアン・スクワットの姿勢で座っていま
す。

5時
買い物客が訪れ、最初の売買がはじまります。料理を出す屋
台がゆっくりと準備をはじめます。

6時
市場の中にある飲食店が開店します。いろいろな朝食が用意
されていて、有名なフォーもそのひとつです。

12時
昼休み。家族の昼食を作るために、店を留守にする売り子た
ちもいます。市場の飲食店は満員になります。

14時
ひどい暑さに店を閉める屋台もあります。道から人影がなく
なり、昼寝にはもってこいの時間です。バイクや屋台の上で
寝る売り子たちもいます。

17時
大きな市場はこの時間に営業を再開し、22時より前に閉め
ることはありません。飲食店も23時ころまで店を開けてい
ます。

ベトナムを流れるメコン川、そのデルタ地帯全域で見ることのできる名物のひとつが、**水上マーケット**です。朝の5時から数百もの小型の舟やボートが集まり、商品の交換や売買がはじまります。なにを売っているのかわかるように、舟に柱を立てて商品の見本をくくりつけています。市場と同じように、ここでも料理を作って提供している舟があり、中で座って食べることができます。

米

ベトナム料理は非常にバラエティに富んでいますが、
つねに一定の存在感を示しているのが米です。煮たり炒めたり、
麺や生地やビスケットに形を変えてみたり、炊きたてのご飯にほんの少しマギーソース®
をかけて食べたりもします（ベトナムの子どもたちが大好きな食べ方です）。

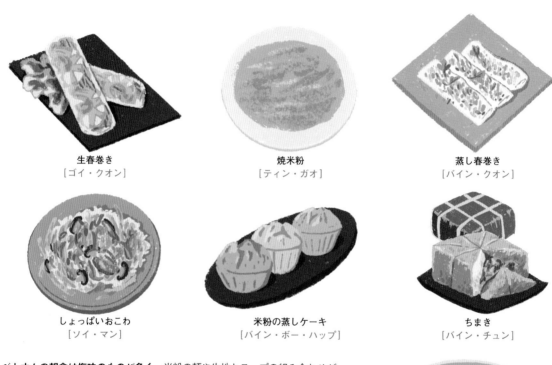

生春巻き
［ゴイ・クオン］

焼米粉
［ティン・ガオ］

蒸し春巻き
［バイン・クオン］

しょっぱいおこわ
［ソイ・マン］

米粉の蒸しケーキ
［バイン・ボー・ハップ］

ちまき
［バイン・チュン］

ベトナムの朝食は塩味のものが多く、米粉の麺や生地とスープの組み合わせが一般的です。どれも消化がよく精がつくので、一日のはじまりにはぴったりだといわれています。いちばん人気はなんといっても有名なフォーで、早朝に通りの屋台で食べるのが好まれています。しかし、麺はフォーだけではありません。「酸っぱい麺」という意味のブン・リューはわたしのいちおしのベトナム料理で、おいしいトマトのスープに、豚肉、カニ、シュリンプペーストを添えた麺料理です。

ベトナム人は年末にはじまる新米の収穫を心待ちにしています（米は伝統的な袋に入れられ、かならず収穫した年が記載されます）。自分の好きな種類の米を選ぶのですが、新米は新鮮でもっちりしていて甘いのでとくに人気です。粒の細長いベトナム米は、新米のうちはジャスミンを思わせる香りが強いので、しばしば「香り米」または「ジャスミンライス」とも呼ばれています。

カニとトマトのスープ麺
［ブン・リュー］

ベトナム式炊飯方法

洗米

米を桶に入れ、たっぷり水を注ぐ。しばらく手でやさしくかき混ぜたら、桶を傾けて余分な水を捨てる（米は桶の底に残る）。この作業を3回繰り返す。不純物とともに余分なデンプンも取り除くことができるため、炊き上がった後に米がくっつきにくくなる。

炊飯

米1：水1.5の割合で水を加える。
ベトナム人はたいてい人さし指を立て、指の第一関節まで水を入れる（ベトナム人の指は短いので、そのぐらいがちょうどいい水加減なのです）。

鍋で炊く場合

鍋に米と水を入れ、蓋をして強火にかける。沸騰したらとろ火にして、そのまま15分加熱する。香りのよい蒸気が逃げてしまうので、加熱中、蓋は開けないように（ガラス製の蓋が好ましい）。

炊飯器で炊く場合

炊飯器はベトナムの家庭になくてはならないものです。

1. 米と水を炊飯器の釜に入れ、スイッチを押して米が炊き上がるのを待つ。
2. 通常、炊飯中は赤い表示ランプが点灯し、炊き上がるとオレンジ色に変わって保温モードに入る。ランプの色が変わっても、そのまま10分は蓋を開けずに待つ。そうすると米がしっかり炊き上がり、もちもちになり、甘くなる。そのあと、すぐに食べない場合は、底が焦げつかないように、しゃもじで釜の底から米をかき混ぜておく。
3. ベトナムでは、炊飯中に調味料を使って味付けをすることはしないが、水の代わりにスープ（ブイヨン）を入れて炊いてもよい。

麺

ベトナム料理には見た目や食感が異なる麺がたくさんあります。一般的に、白く軟らかい麺は米粉から、より歯ごたえのある黄色い麺は小麦粉から作られています（より軟らかくするためには卵を加えます）。そのほかにも、大豆、ジャガイモ、マニオク（キャッサバ）、タピオカなどの粉末を原料にした麺があります。

麺の状態には、乾麺、半生麺、生麺の3つのタイプがあります。乾麺は、数年間は容易に保存可能で、沸騰した湯に入れてゆでて食べます。半生麺は、ゆでる前にしばらく熱湯に浸して戻す必要があります。生麺はさっとゆでるだけで食べられますが、保存期間は非常に短くなっています。生麺は値段がもっとも高いですが、そのぶんクオリティも高く、いちばん人気があります。

米粉の麺

バイン・フォー

わたしたちが一般的に米粉麺と呼んでいるのは、ベトナムでもっとも有名なこの麺のことでしょう。生地は平たく、用途に応じて幅が異なります。スープに入れて食べるときには3〜6mm幅のものを、炒めて食べるなら1cmの幅のものを使います。スープ麺のフォーは有名ですが、ほかにも麺を炒めたフォー・サオ（焼きフォー）や、揚げたフォー・チエン（揚げフォー）などもあります。

バイン・フォー

フー・ティウ

バイン・フォーの仲間ですが、それよりもっとずっと細い麺です。主にスープに入れて、海鮮や豚肉といっしょにいただきます。「汁なし」バージョンもあり、まったく同じ具材に、スープをベースにした酢と醤油とレモン果汁でいただきます。

フー・ティウ

ブン

白く丸い麺で、わずかに厚みもあります。軟らかくコシがあり、フレッシュで丸い食感を楽しむことができます。ブン・ボー・フエ（牛肉スープ麺）、ブン・リュー（カニとトマトのスープ麺）、ブン・チャー（焼いた豚肉団子を入れたつけ麺）などの麺料理に使われています。

ブン

バイン・カイン

米粉とタピオカ粉で作られた麺ですが、小麦粉で作られたうどんとよく間違えられます。ブンよりも幅が広く、より歯ごたえがあり、もちもちとした食感です。この麺を使った料理にはかならず麺の名前が入っていて、魚のすり身揚げをのせたバイン・カイン・チャー・カーや、カニとウズラの卵が入ったバイン・カイン・クアなどがあります。

バイン・カイン

バイン・ホイ

極細の米粉のビーフンで、「天使の髪の毛」とも呼ばれています。小さなシート状に押し固めてあるので、蒸し焼きにしてからクルクルと巻いて使います。焼肉や焼魚の付け合わせに用いるのが一般的です。

バイン・ホイ

小麦粉の麺

一般的にミーと呼ばれており、たいていは細麺です。中には、製麺時にターメリックを混ぜ込んで濃い黄色にしたものもあります。麺を炒めたミー・サオや、スープに入れて肉をのせたミー・ヌオックなどの料理に使います。
忙しい人たちのためにはミー・ゴイもあります。わたしたちが愛着を込めて「袋麺」と呼んでいる大好きなインスタントラーメンのことです。とはいえ、それだけで食べることは決してしません。肉や野菜、ときどき卵も添えていただきます。

ミー

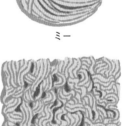

ミー・ゴイ

そのほかの麺

米粉や大豆粉、またはガランガルの粉末から作ったミエン（春雨）もあります。半透明の非常に細い麺で、熱湯に長く浸して戻してから使います。加熱調理後は軟らかく、しっかりした食感になり、水に入れておいてもふやけません。スープに入れたミエン・ガー（肉入りスープ春雨）や、焼いたミエン・サオ（焼き春雨）などにしていただきます。

ミエン

肉と魚

ベトナムではそれほど頻繁に肉を食べません。特別なときや、
レストランや屋外で食事をするときだけです。ベトナム人の日々の食事は、
一般的に米、野菜、魚を中心に成り立っています。

肉

豚

ベトナム人はいまでも豚肉を贅沢品と見なしています。この動物はベトナムでは非常に尊重されていて、とくに豚を育てている農家では富と繁栄の象徴とされています。盛大な儀式が行われる際には子豚が供物のひとつとして捧げられ、結婚式の披露宴では子豚の丸焼きが花婿の家族から花嫁の家族に贈られます。あらゆるお祭りで、子豚を使った料理は欠かせません。バイン・チュンはベトナムで新年（旧正月）を祝うために作られるちまきですが、その具材には豚の肉と脂が使われています。ちなみに、ベトナムの十二支には、水牛のほかに豚も入っています。

牛

ベトナムで牛といえば「水牛」を指します。牛の品種のひとつで、土壌耕作に欠かせない貴重な動物とされています。農夫にとって水牛は貴重な財産であり、その購入は、家を建てたり、結婚式を挙げたりするのと同じくらい大きなイベントです。昔の農家では、死んだ水牛の角を家に飾って感謝の念を示していました。ベトナムの農村文化を象徴する有名なイラストにも、水牛の背に乗って横笛を吹く童子の姿を描いたものがあります。したがって、肉を食べるために水牛を犠牲にすることはほとんどありません。かつては、水牛の肉を食べるのは、ベトナム人の人生の節目となるような大きな儀式のときや、水牛が自然死したときに肉を無駄にしないためでした。

家禽

ベトナムでより一般的に食べられているのは、鶏、家鴨、ガチョウなどの家禽です。市場では毎日売られていますが、家庭での飼育も非常に盛んで、街なかの家でもケージに入れて台所で育てています。

海の幸

沿岸部が非常に広域なベトナムでは**漁業がとても盛んです**。したがって、国のどこでも毎日新鮮な魚を手に入れることができます。ベトナム人は魚が大好きですが、貝や甲殻類にも目がありません。そして、海鮮料理を提供するレストランはたいていが専門店です。**なかにはとてもめずらしい魚介類もあります。**

クラゲ

クラゲがとれたら、漁師はそのまま船の上で洗浄し毒を取り除く処理をします。生きたまま市場に届くので、子どもたちがタモ網ですくって楽しむ光景がよく見られます。沸騰した湯で10分ほどゆでると、弾力と歯ごたえが出るので、スープやサラダの具材に好まれています。

海の貝

ベトナム人は、オックと呼ばれる、海または淡水でとれる貝を食べます。いくつもの種類があり、とても人気で、人々は通りの屋台やレストランで一日中食べています。揚げたり、レモングラスといっしょに蒸したり、ココナッツミルクのスープで煮たりと、調理方法もさまざまです。

カブトガニ

つがいは一度抱合すると決して離れずに行動するので、「恋人たちのカニ」と呼ばれています。もちろん食べられるときもいっしょです！　見た目にもインパクト大なこの節足動物は、カニと同じように調理します。ファルシ[中に詰め物をした料理法]やソテーにするとおいしくいただけます。

そのほかにも……

犬、猫、サル、ネズミなどの肉を食べるのは、少数民族にかぎられていたり、戦時中の栄養補給の手段だったりと、極めて珍しい特殊なケースです。大多数のベトナム人はそうした肉は食べませんし、若い世代では話題自体がタブーとされています。

それでも市場では、ベトナム人がわりと頻繁に食べている、ちょっと変わった食材を簡単に見つけることができます。たとえば、ヘビの肉などは大変高価ですが、たくさんの効能があります。また、揚げたサソリのような昆虫類はよく農村部で食べられていましたが、いまでは高級なバーでも見かけることが増えました。

孵化直前の卵はベトナム特有の、大人気の一品です。一般的には家鴨の卵で、抱卵をはじめて3週間たった孵化しかけの卵をゆでて成長を止めます。大人も子どもも大好きな高タンパク質のスナックで、ゆで卵のように殻をむき、塩とコショウをふりかけていただきます。

野菜

ベトナム人は野菜が大好きです。湿度の高い気候のおかげで採れるさまざまな野菜が、おいしく調理されてベトナムの食卓を彩ります。とくに好まれている野菜をいくつかご紹介しましょう。

カイラン［カイ・ラーン］

ブロッコリーの仲間で、茎から花まですべて料理に使えます。味はブロッコリーよりも強く、甘みがあります。空心菜と同じように、生のまま、またはガーリック炒めで食べられることが多い野菜です。

空心菜［ザウ・ムン］

ベトナムでいちばん人気の野菜です。ベトナムの空心菜は、めぐまれた熱帯性の気候のもと、湿地で自生します。生食はもちろんですが、ガーリック炒めにするのが一般的です。

ニガウリ［コー・クア］

ニガウリは……とにかく、苦いです。豚肉をつめて苦みを緩和して、スープにするのが一般的です。薬としての効能が高いので、季節風の吹くころ、風邪予防に好んで食べられます。

からし菜［カイ・ベェ・サィン］

からしの風味のする葉はとてもおいしいです。サラダ、炒め物、そして塩漬けにしてもおいしくいただけます。

キャベツ［バップ・カイ］

ベトナムのサラダにはかならず使われています。ベトナム人は熱いスープの最後にこのキャベツを浸して食べるのも好きです。

タロイモ［コアイ・モン］

調理の仕方はジャガイモと同じです。スープはもちろんのこと、ほんのり甘い味を生かしてデザートにも用いられます。

オクラ [ダウ・バップ]

煮ると粘り気が出てくるので、スープにとろみを付けるのに役立ちます。煮る以外にも、炒めたり、蒸し煮にしたりしていただきます。ベトナムの定番、魚の甘酸っぱいスープ、カイン・チュア・カーには欠かせない食材です。

タケノコ [マン・チェー]

農村周辺に自然に生えていて、いろいろ加工して楽しめます。新鮮なタケノコはスープや詰め物の具にすると食感を楽しめますし、発酵させると酸味が出て調味料代わりに使えます。また、乾燥させれば数年間は保存可能です。

バナナの花 [バップ・チュオイ]

バナナの房の外側にぶら下がっている花は、細い薄切りにして使います。ベトナムでは生でサラダに入れたり、熱いスープに最後に加えて軟らかくして食べたりします。味はアーティチョークに似ていて、少し酸味があります。

春菊 [タン・オー]

薬効豊かな春菊には、ほのかな苦みがあります。サラダやスープにしたり、香草茶にしたりします。

ハヤトウリ [スー・スー]

フランスの植民では「シュー・シュー」と呼ばれており、それがベトナム語の名前の由来です。ハヤトウリは根から葉まですべて食べられます。葉はガーリック炒めにするのが好まれますし、軟らかくて甘い果肉はおいしいスープの具になります。

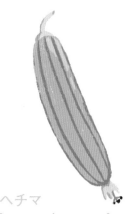

ヘチマ [ムオップ・フオン]

フランスでは「スポンジカボチャ」と呼ばれます。繊維質の実は乾燥させると生分解性のスポンジとしても使用することができるからです。ポタージュにするととても好まれますが、炒めてもおいしくいただけます。

香草

暑いベトナムでは、主に熱いものを食べます！
そこに爽やかさを加えるのが、多種多彩な香草です。料理に添えることで
調味料の代わりにもなる、ベトナム料理において必要不可欠な食材です。

タイバジル
［フン・クエ］

バジルに似ていますが、味はよりスパイシーでアニスの香りがします。スープやサラダに加えることでパンチの利いた味わいになります。

コリアンダー
（パクチー）［ゴー］

どの部位も捨てずに使います。葉はそのまま、茎は細かく刻んでサラダに加え、根は煎じてスープに使います。

レモングラス［サー］

スパイシーな味わいとレモンの香りが印象的なレモングラスは、異国情緒を味わえる香草のひとつです。ロースト、グリル、煮込みや炒め物など、さまざまな料理に使えます。蚊除けとしても有効です！

ミント［バック・ハー］

生春巻きや揚げ春巻き、それにベトナム風お好み焼きなど、ベトナムを代表するたくさんの料理にはもちろん、ハーブティーにも使われています。

シソ［ティア・トー］

シソは料理に独特の味わいを与えます。サラダや生春巻きやスープに加えれば風味がよくなりますし、そのまま食卓に出して薬味としていただくのも好まれています。

ノコギリコリアンダー
（パクチーファラン）
［ゴー・ガイ］

しっかりとした食感が特徴の香草です。ベトナムでは細かく刻んで炒めた料理に散らしたり、手で大きくちぎってフォーに加えたりします。

ハイゴショウ
[ラー・ロット]

ハート形の葉は、火を入れるとピリッとした味になります。細かく刻んで炒め物に使ったり、調味料に漬けた肉を包んで焼いたりします。

ワケギ
[ハイン・ラー]

ベトナムを代表する数々の料理に使用され、味を引き立てています。ベトナム料理に欠かせない調味料、ネギ油[モー・ハン]の材料です。

ディル
[ティー・ラー]

ベトナムではそれほど人気のある香草ではありませんが、北部を代表する基本レシピのひとつ、魚の香草焼き[チャー・カー]には欠かせない食材です。

ドクダミ
[ザウ・ジップ・カー]

コショウのようなピリッとした味わいが強いこの香草は、ベトナムでは魚や肉料理の付け合わせとして生で食べられています。

花ニラ[ヘー]

茎から花まで食べられる香草です。ほのかにニンニクの味がして、サラダやスープ、生春巻きに添えられます。

ベトナムコリアンダー
[ザウ・ザム]

コリアンダーの一種で、わずかに辛味がありレモンの香りがします。肉に添えることで料理にインパクトを与え、味わいを深めてくれる香草です。ベトナムでは孵化直前のゆで卵（p.31参照）といっしょに食べるのが好まれています。

香辛料

ベトナムで香辛料を使うのは、料理を「スパイシー」にするためではありません。
微妙なさじ加減で味を引き立て、よりいっそうおいしくするためです。
生の香辛料も乾燥させたものと同じくらい使用されています。

ウコン（ターメリック）
［クー・ゲェー］

ショウガの仲間ですが、こちらは鮮やかなオレンジ色と、まろやかで温かみのある味が特徴です。料理に色を付けるためによく使われます。また、傷を治す作用に優れているので、母はいつも冷蔵庫に生のウコンの小さな塊を入れていました。幼いころのちょっとした傷はすべてそれで治したものです。

シナモン［クエー］

サイゴン・シナモンは世界でもっとも味と香りが強いシナモンの品種のひとつだといわれています（ちなみに、たしかにこれはベトナム北部の産物ではありますが、サイゴンという名称が付いてはいても、そこで栽培されたことはありません……）。非常に甘みが強く、わずかに辛さがあります。フォーのスープに欠かせない主要スパイスです。

ナツメグ
［ニュック・ダウ・カウ］

ベトナムでは肉料理にとても重宝されています。実を直接火で炙ってそのままスープに入れたり、料理の味を引き立てるために最後にすりおろして加えたりします。

ベトナム産ワイルド
フォレストペッパー
［ホアン・モック・ホイ］

ベトナム北部の山中で採れる、貴重なスパイスです。四川胡椒（花椒）の仲間で、オレンジやミカンを思わせる非常に特徴のある味わいです。

ブラックカルダモン
［タオ・クア］

ベトナムで、もっともよく使用されている香辛料です。乾燥させる段階でスモーキーな香りを帯びますが、樟脳のような香りもします。フォーのスープに欠かせない材料のひとつです。

トウガラシ［オッ］

トウガラシがベトナムに入ってきたのは比較的最近のことです。ベトナム人は料理の味を引き立てるためにトウガラシを使うのを好みますが、辛いものが苦手な人たちのために、使いすぎないようにしています。たいてい辛味を抑えるために種を抜いてから、細かく刻んで使います。

コショウ[ティエウ]

トウガラシが入ってくるまで、コショウはベトナムで唯一の辛味のスパイスでした。ベトナムには数多くのコショウ農園がありますが、なかでもフーコック島のコショウは、世界最高級品という評価を得ています（p.14参照）。

ショウガ[グン]

ショウガは魔法のようなスパイスです。料理の味を引き立てるのに非常に重宝されていますが、薬としての高い効能も評価されています。おろしたり細かく刻んだりして、マリネ液に加えたりショウガ湯にしたり、炒め物やグリル料理に使うなど、さまざまな用途に使われます。

五香粉
[グー・ヴィ・フオン]

ベトナムでもっとも人気のあるスパイスミックスで、コショウ、スターアニス（八角）、シナモン、クローブ、フェンネルで構成されています。このすばらしいスパイスミックスは、ほのかに甘く塩辛い料理の風味を引き立てます。

スターアニス（八角）
[ホア・ホイ]

フォーのスープに欠かせない最後のスパイスです。スターアニスまたは八角と呼ばれていますが、その名が示すとおり繊細なアニスの風味を料理に加えます。常緑樹トウシキミの果実は星（スター）の形に育ち、それぞれの袋に種子が入っています。

ベニノキの種
[ハット・ディエウ・マウ]

主に食材の着色に使用されます。種をいくつか油に入れて加熱するだけで、深いだいだい色を抽出できます。ベトナム人は、米や麺をはじめとして、エビや鳥レバーを使った料理に色を付けるのに好んで使います。

クローブ
[ディン・フオン]

クローブは花のつぼみです。ベトナム中部には野生のクローブの木がたくさん生えています。ピリッとしたコショウのような味で料理に好んで使われますが、麻酔性、抗炎症性、抗菌性の効能があるため薬としても好んで用いられています。

調味料

ベトナムでは、食卓に調味料が出ていなければ、準備が整ったとはいえません。
ベトナムには100種類もの調味料があり、その数であらゆる記録を破ってきたほどです。
調味料にはそれぞれ特別な役割があり、味を調整したり、補強したり、
複雑にしたりします。また、中国やフランスはもとより、アメリカの影響も受けてきた
ベトナムの歴史を語るうえでも外せないアイテムです。

その多くが、ベトナム人が愛してやまない発酵調味料です。
保存方法は、先祖代々つちかわれてきました。

ソース

魚醤［ヌクマム］

ベトナム人にとってのヌクマムは西洋人にとっての塩と同じ、基本の調味料です。材料はアンチョビの仲間であるカタクチイワシなどの小魚［カー・コム］と塩の2つだけ！ それを1年間、漬け込みます。甕に入れて天日にさらすか、木の樽に入れるのですが、木の樽を使う場合はかなり臭うので気を付けないといけません。その後、中身を搾ってこします。もっとも有名なヌクマムは、ベトナム最大の島であるフーコック島の生産品で、ベトナムで初めて地理的表示保護 PGI［Protected Geographical Indications の略。生産品が特定の地域に密に関係した農業製品および食品であることを示す国際機関の認証］の認証を受けました。そのまま料理につけて食べたり、調味料として使ったりしますが、揚げ春巻きにつけて食べる有名なヌクマムソースを作るのにも使用されます。

ヌクマムソース

醤油／マギーソース®［ヌック・トゥオン］

この2つのソースについては、同時に説明する必要があるでしょう。
醤油はだれでも造れるものなので、ベトナムの田舎では人気があります。まず煎った大豆を潰し、大きな甕に入れて水に浸けます。1週間経ったら水を捨て、発酵した米と混ぜてさらに発酵させます。それをこせば醤油のできあがりです。街では、もともとフランス人が輸入したマギーソースのほうが、価格とより幅広い味わいから贅沢な醤油と見なされて、人気が高くなっています。いまでは、ベトナム人が醤油のことを「マーギ」と呼ぶ習慣もあるほど両者は紛らわしいのですが、マギーソース®はあくまでもできあがった料理にかけるソースとして定着しており、より頻繁に使われているのは伝統的な醤油のほうです。

醤油

マギーソース®

オイスターソース［ソット・ハウ］

中国生まれのソースです。甘く塩辛い味で、かすかにヨードの香りがします。醤油と牡蠣（かき）をカラメル状になるまで長時間煮込んだもので、とくに、食材を炒めたり、ソースにとろみを付けたり、甘く塩辛い味付けをしたりするのに使用します。

ホイシンソース（海鮮醤）［トゥオン］

「アジアン・バーベキューソース」と呼ばれるこの調味料の使用方法は多岐にわたりますが、伝統的にはフォーのスープに添えるソースとして、もっともよく使われています。テーブルに出されたスープに直接溶かすのはもちろん、フォーの具材をソースにつけて食べるのも好まれています。また、食材を漬けたり、肉に塗って照り焼きにしたりするのにもよく使われています。

シラチャーソース［トゥオン・ドー］

もともとはタイ王国のシラチャー郡で生まれたソースです。アメリカに移住したベトナム難民のデービッド・トランが輸入し、ケチャップ作りの技術を駆使してこのチリソースを再現しました。いまや世界じゅうで人気を博しています。ベトナムではホイシンソース同様、フォーのスープに合わせる基本的な調味料として使われています。形が特徴的なボトルはベトナムのあらゆる食卓に鎮座していて、ベトナム人はこのソースに料理をつけて食べるのが大好きです。

シュリンプペースト［マム・トム］

世界一悪臭を放つ食材のひとつとされています。灰色と紫色が混じった色合いのこのペーストは、塩を混ぜてすりつぶしたエビを1年間発酵させて作ります。さまざまな料理の風味付けに使われますが、ライム果汁、塩、砂糖、トウガラシと混ぜると、おいしいディップソースができあがります。また、リンゴにつけて食べると、最高のおやつになります！

ゴマ油［ザウ・メー］

アジアのゴマ油が茶色いのは、原料となるゴマ粒を焙煎しているからです。それがヘーゼルナッツに似た深い味わいも際立たせています。香りの強いオイルなので、数滴だけでも料理に風味を加えることができます。

米酢［ザム・ガオ］黒酢［ザム・デン］

原料となる米の種類と発酵方法によってさまざまな種類があります。ベトナムでは白い米酢と黒酢がよく使われますが、白い米酢は明るい黄色で、繊細で甘さを感じる味。黒酢はより強い酸味の利いた味です。

オイスターソース

ホイシンソース
（海鮮醤）

シラチャーソース

シュリンプペースト

ゴマ油

米酢

黒酢

自家製調味料

フライドガーリックと
フライドエシャロット

ベトナムでは、この細かく刻んで揚げたニンニクやエシャロットをよく料理にふりかけます。食感と個性が加わり、味が引き立つのです。

小瓶1個分

・ニンニク1玉またはエシャロット大3個
・中性植物油コップ1杯

1. ニンニクの皮をむいてみじん切りにする。中性植物油といっしょに火にかけ、ときどき混ぜながらゆっくりと加熱する。ニンニクが色づきはじめたら火を止め、余熱でニンニクがこんがりするまで混ぜつづける。ニンニクをすくってキッチンペーパーに広げ、しっかり油を切ってから冷蔵保存する。エシャロットも同じように調理する。

2. 残った油はニンニクのいい香りのするガーリックオイルになっているので、ほかの調理用に保存しましょう。

ネギ油

小口切りにしたワケギで作ったこの油は、ベトナムでとても人気があります。とくにグリル料理に好んで使われており、付け合わせにかけまわして香りを引き立たせます。

小瓶1個分

・ワケギ1束
・中性植物油コップ1杯

1. ワケギは根元を切り捨て、小口切りにする。

2. 植物油を火にかけ、中火で1分加熱する。ワケギをひとつまみ入れてみて、音がしはじめたら準備OKのサイン。

3. すべてのワケギを油に入れ、混ぜながら30秒、揚げ焼きにする。

4. 鍋を火からおろし、室温で冷ましてから使用する。冷蔵庫で3日間保存可能。

ライム塩

料理につけて食べるのに非常に重宝されている調味料です。揚げ物や、煮込み料理の肉はもちろん、デザートのフルーツまでおいしくなります！　とても簡単に作ることができます。

小皿1杯分

・ライム小1切れ
・塩ふたつまみ
・コショウひとつまみ

事前に混ぜて出すことはめったにありません。各自でライムを搾って果汁を塩とコショウにふりかけ、箸で軽く混ぜます。お好みで刻んだ生トウガラシを加える人もいます。

ピーナッツソース

ベトナムでは、生春巻きをこのソースにつけていただきます。とても簡単に作れる、とてもおいしいソースです。出す直前に、砕いたピーナッツをたっぷりトッピングしましょう。

小瓶1個分

・ホイシンソース（海鮮醤）30g
・ピーナッツペースト30g
・水25g（あればチキンブイヨンが好ましい）

すべての材料を鍋に入れて火にかけ、箸でやさしくかき混ぜながら、ソースが均一になるまで加熱する。

加熱調理の方法と道具

中華鍋

中国の中華鍋は、底が丸く口が広い鋼製のフライパンです。東南アジアではだれもが知る人気の道具で、さまざまな調理に使えます。炒め物、揚げ物、煮物はもちろん、蒸し煮やロースト、燻製までできます。

中華鍋を初めて使用する前には、鍋肌をコーティングして完全な非粘着性をもたせる必要があります。その方法は下記のとおり。

1. 石けん水とソフトスポンジで新品の中華鍋を洗い、布巾で拭く。
2. 揚げ油（ピーナッツオイル、菜種油、ひまわり油、グレープシードオイルなど）を少量鍋に引き、キッチンペーパーを使って鍋の内側全体に広げる。火にかけ、強火で10分加熱する。
3. 鍋をおろし、汚れてもいい布巾で内側を拭く。黒い残留物が付着したら、改めて油を薄く全体に塗って加熱し、残留物の付着を確認する作業を繰り返す。残留物が認められなくなるまで、同じ作業を10回ほど繰り返す。

これで中華鍋を使用する準備が整いました。でも気を付けて！ 調理後、中華鍋は決して洗剤で洗ってはいけません。洗剤を使うと、せっかく付加した非粘着性の物質が失われてしまう可能性があるので、使用後はソフトスポンジを使って流水で洗いましょう。

土鍋

伝統的には、土鍋は薪の残り火に直接のせて使用するものでしたが、最近ではいろいろなタイプのものが売られています。オーブンに入れられるもの、火にかけられるもの、なかには電磁調理器で使えるものもあります。魚の煮付け［カー・コー］（p.58レシピ参照）など、カラメル状になるまで煮込む必要のある料理に使います。

蒸す

ベトナムにはたくさんの蒸し方があります。**もっともシンプルなテクニックは蒸し器を使用する方法**で、沸騰した湯の入った鍋の上に置けば、簡単に餃子や肉まんを作ることができます。木製のセイロやスチール製の蒸し器などをいくつも重ねて、一度に大量の食材を蒸すことができる器もあります。

市場を歩いてみれば、特定の料理を作るための道具をたくさん見つけることができるでしょう。たとえば蒸し春巻き［バイン・クオン］(p.52レシピ参照) には、非常に目の細かいこし器を使います。そこに米粉の生地を流し込み、沸騰した湯の入った鍋の上に置いて蒸します。

葉包み焼き

焼きながら具材に葉の繊細な香りを移すために、具を葉で包んで焼く料理はたくさんあります。たとえばバイン・ラーは甘いものと塩味のものと2つのタイプがあるケーキですが、餅米や肉や豆のペーストなどの材料を葉で包んで焼きます。一般的にはバナナの葉を使用しますが、ボー・ラー・ロットというレシピでは、ラー・ロット (ハイゴショウ) という、少しピリッとしたコショウに似た風味をもつ葉で牛肉の細切りを巻きます。

中身をていねいに葉で包んでから、煮るか、蒸すか、焼いて調理します。

切り方

包丁

ベトナムのすべての家庭で使用されている伝統的な包丁は、肉切り包丁です。食材を切ったりスライスしたりするのはもちろんのこと、刃を横にして上から手の平で押し付ければ食材を潰すこともできます。

野菜の切り方

調理時の効率を高めたり、料理の見た目を考えたりすれば、野菜の切り方には注意が必要です。ベトナム料理の特徴は食材の切り方にも表れています。

ベトナムでは、すべての食材が大切に扱われ、切り方も重要視されます。ドー・チュアはとりわけ料理に添えられることの多いベトナム風なますですが、見た目にも楽しくするために、花形やジグザグに切ります。また、炒め物や煮物に使う野菜には、見た目が美しく、しかも短い調理時間で均一に火を通せるので、斜め切りが最適です。

葉物野菜の場合、茎の部分よりも葉のほうがずっと早く火が通ります。したがって、葉と茎は分けて切り、別々に調理できるようにしておくことが重要です。

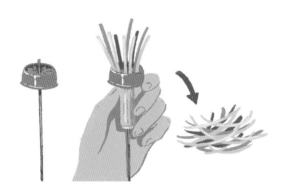

中が空洞になった野菜(空心菜やワケギなど)をせん切りにする場合、ベトナム人はイラストのような刃が何枚も付いた特別なおろし器を使うこともあります。棒を茎に差し込んで、刃の付いた部品をスライドさせれば、細く均一なせん切りにすることができます。

ニンジンを花形に切るには、まずニンジンの皮をむき、包丁を使って縦に溝を5〜6本刻み(ニンジンを割らないように注意)、それから輪切りにしましょう。ジグザグな切り方は、波形ナイフを使うだけで簡単にできます。

肉の切り方

低温物流システムが不安定な熱帯気候の多くの国と同じように、一般にベトナムでも肉はよく火を通すか、あらかじめしっかりと調味料に漬けます。また、中までの加熱を容易にするため、通常、調理前の肉は薄くスライスします。主に箸を使って食事をする国の利点だといえるでしょう。ベトナムではナイフがテーブルに置いてあることはめったにありませんから。

フルーツの切り方

特別な場面では、美しいフルーツの盛り合わせがテーブルを彩ります。ベトナムで人気のフルーツの切り方のコツをお教えしましょう。

マンゴーの切り方

種に沿って包丁を入れ、縦3つに切る。切り落とした両サイドの果肉に1cm幅で縦横に切り込みを入れる。皮を破かないように注意すること。皮のほうから押し上げ、果肉を外側に押し出す。そのままで、もしくはナイフを使って果肉のキューブを皮からそぎ落としてもよい。

パイナップルの切り方

ナイフで皮をむく。実の部分の茶色いツブツブは斜めに連なっているので、V字形の切り込みをイラストのように斜めに入れる。こうしてツブツブを取り除いていくと、より多くの果肉を残すことができる。

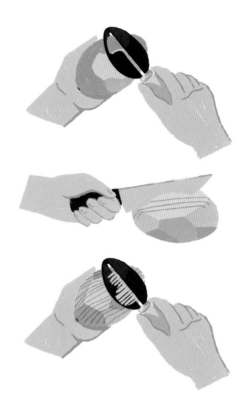

野菜やフルーツの皮をむいたりスライスしたりするのに使われている**ベトナムのピーラー包丁**は、非常に特殊な形状をしています。フライ返しの穴のような隙間があり、その内側に刃が付いています。食材を好みの細さにカットしたいときには、まずピーラー包丁で食材の皮をむき、ナイフで均等に好みの細さの切れ込みを入れ、それをふたたびピーラー包丁でスライスします。

屋外での食事

通りで食事をすることはベトナム文化の一部になっています。
そして、これにはいくつもの理由があります。

とくにベトナムの街なかの住宅は狭く、そこに3〜4世代が暮らしています。
当然、全員でいっしょに食卓を囲むのは難しくなりますが、
外なら、みんなで集まって広々とした場所で食事をすることができます。

家の前の歩道は、その家の所有者のものです。したがって、家主は自分の好きなように使用できます。
自分で店を出すこともできますし、商売人や料理人に屋台を出す場所として貸すこともできます。

ベトナム人は小食ですが……一日中、食べていることでも知られています。
平均して一日に6回も食事をとります！
通りに出ている料理の屋台は、客を迎えるために一日中営業しています。

熱帯の国ベトナムの平均気温は30℃。外で食事をとるのは気持ちがよいから、という理由もあります。

ベトナムでは非常に安く外食ができます。
一皿の料理は平均で約20000ドン、日本円にしたら120円もしません。
この豊かな国では、だれもがお腹いっぱい食べることができるのです。
通りで食事したり、テイクアウトして自宅で家族と食べたり、すべての階級の人たちが、
家で料理をしなくても毎日食事を楽しんでいます。

外食産業

食にそこまで興味のない人にも知っておいてほしいのは、ベトナムの屋台料理は
とても新鮮でおいしいということです。朝買った食材を調理してその日のうちに使い、
たいてい一日の食材がなくなった時点で店を閉めてしまいます。

屋台料理の価格の違いは、単純に、座れるか座れな
いか、そして、店の椅子とテーブルの高さによりま
す。料理の質に違いはありません！

ただし、こうした店ではクレジットカードはまった
く使えないので気を付けてください。現金と、それ
から口を拭くナプキンは自分で用意しましょう！

売り子たち

自転車に乗ったり天秤棒を担いだりして
売られている品は、小腹が空いたときの
おやつに最適です。客の目の前で切って、
いろいろな調味料といっしょに売るフルー
ツ。焼きトウモロコシや、孵化直前
のゆで卵。揚げ物も甘いものから塩
辛いものまで多種多様です。売り
子たちは通りをぶらつきながら、
定期的に場所を変えます。たい
てい、売り物の名前を声高に告
げながら、客からよく見える
ように道の真ん中を歩いてい
ます。

**ベトナムでもっともお手頃にとれ
る食事です。**

屋台

通りのあちこちにあり、一日中営業しています。屋台の場所は決まっています。それぞれ決まった一品を、バリエーション豊かに提供しています。店の人気は、客の入りを見ればわかります。とはいえ、まったく客のいない屋台というのはめったにありません。席がかぎられているので、客が入ればたいていすぐに料理が出てきて、客もすぐに食べはじめます。しょっちゅう外食をしているわけではないにしても、労働者はほとんど全員、仕事前の朝食は屋台でとっています。

クァン

クァンと呼ばれるレストランには屋内の部屋があり、たいていはテラス席も備えています。フォー、家鴨料理、海鮮など、ひとつの分野の料理に特化していて、屋台との明確な違いは、テーブルと椅子が「大人の背丈に合わせた普通の高さ」だということ、そしてほとんどの店に扇風機が付いていることです。大きな店になると、冷房を備えているところもあります。価格は屋台よりも高く、なかにはクレジットカードを使える店もあります。

レストラン
[ニャー・ハン]

ベトナム人が立派なメニューと座り心地のよい椅子のある「正統派」レストランへ行くのは、大切なお祝いするときだけです。こうしたレストランのほとんどは植民地時代の古い建造物を利用したもので、フランス人がベトナムを統治していた時代に、より高級な料理を提供するために生まれました。なかには、いまでもフランス語のメニューを用意している店があります。

バイン・ミー

ベトナムを代表するストリートフードであるこのサンドイッチは、
フランスとベトナムの文化の融合の象徴でもあります。
バインはベトナム語で「ケーキ」を意味し、
ミーはフランス語の「パン・ド・ミー [食パンのこと。ミーは「パンの身」を意味する]」からきています。

具材
4つ分

豚肉チャーシュー

きび砂糖大さじ2、豚フィレ肉500g、ニンニク（みじん切
り）2片、五香粉小さじすり切り1、ベニノキの種数粒、
醤油大さじ2、ホイシンソース（海鮮醤）大さじ2、米酢大
さじ1、ゴマ油小さじ1

1. 鍋にゴマ油とベニノキの種を入れて火にかけ、ゆっく
   りと加熱する。油に赤く色が付いたら種を取り除く。
2. 残りのすべての調味料と一緒に混ぜてマリネ液を作り、
   豚フィレ肉を漬けて冷蔵庫で一晩寝かせる。
3. ときどきマリネ液を塗りながらフィレ肉をバーベ
   キューで焼くのが理想的だが、できない場合は、肉汁
   を回収できるように天板にのせてオーブンで焼く。
   200℃のオーブンに入れて、対流加熱機能で15分、次
   にグリル機能で20分焼く。5分おきに天板の肉汁を刷
   毛で肉に塗る。
4. 肉を取り出し、室温で冷ます。完全に冷めたら薄くス
   ライスする。

ベトナム風なます

ニンジン500g、ダイコン500g、砂糖500g、水750ml、
ホワイトビネガー500ml、塩10g

1. ニンジンとダイコンの皮をむき、小さめの拍子木切り
   にして、小瓶に入れる。
2. 残りの材料を鍋に入れて火にかける。沸騰したら火か
   らおろし、野菜の上からかけて小瓶に入れる。
3. 室温で冷ましてから、冷蔵庫で保存する。

さあ、バイン・ミーを作りましょう

バゲット1/3本（1人分）、豚肉チャーシュー、ベトナム風なます、ベトナム風ハム［チャー・ルア］200g、豚肉でんぶ［チャー・ボン］20g、キュウリ1/2本、生トウガラシ（お好みで）、コリアンダー1束、マヨネーズ80g、マギーソース®適量

1. パンは縦に切って開く。キュウリは拍子木切りにする。コリアンダーの葉を摘む。
2. パンの内側には、片方にマヨネーズを塗り、もう片方にマギーソース®をかける。
3. 薄くスライスしたチャー・ルアと豚肉チャーシューをのせ、さらにベトナム風なますとキュウリを追加する。
4. 仕上げにコリアンダーの葉をたっぷりとのせ、チャー・ボンを散らす。辛くしたければ、お好みで生トウガラシを加える。

蒸し春巻き [バイン・クオン]

「バイン・クオン」はそのまま訳すと「ロールケーキ」という意味ですが、甘い料理ではありません！
家で作るには少々複雑ですが、屋台料理としてとても人気があります。
生地を極めて薄くし、かつ、ぷるぷるでもちもちの生地を乾かないようにしなくてはいけないので、
できたてをすぐに食べなくてはなりません。地元の文化にならうなら、
ベトナム人はこの料理を満月が出ているあいだと、新月のときに食べます。
でも、朝ご飯に食べることも多いです……つまり、いつでもこの料理を食べていいということです。

中の具材

春巻きの皮12枚分

- 豚挽肉400g
- ベトナムソーセージ
  （チャー・ルア のソーセージ）10切れ
- 乾燥キクラゲ20g
- タマネギ200g
- コリアンダー 1束
- ヌクマム大さじ2（＋料理に添える分）
- フライドエシャロット 小さじ1（p.40レシピ参照）
- ピーナッツオイル適量

1. 乾燥キクラゲをぬるま湯に20分浸ける。水を切り、薄切りにする。
2. タマネギの皮をむき、みじん切りにする。
3. ボウルに豚挽肉、タマネギ、キクラゲ、ヌクマムを入れて混ぜる。
4. 強火にかけたフライパンに少量のピーナッツオイルを引き、3を入れて、ときどき混ぜながら焼き色が付くまで10分炒める。

春巻きの皮

- ・米粉200g
- ・タピオカ粉200g
- ・水1リットル
- ・ピーナッツオイル大さじ1
- ・塩小さじ1/2

1. ボウルに米粉、タピオカ粉、塩を入れて混ぜ、そこに水の半量を注いで泡立て器でかき混ぜる。生地が均一になったら残りの水を注ぎ、さらに混ぜる。
2. 仕上げにピーナッツオイルを加え、よく混ぜる。

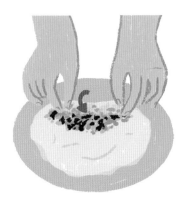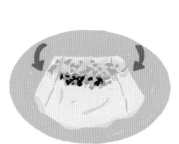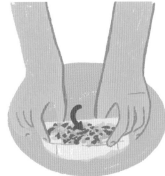

バイン・クオンを仕上げる

1. テフロン加工などの非粘着性のフライパンを中火にかけ、しっかり油を引いて加熱する。
2. 生地を焼く。生地をかき混ぜ、レードルに1杯すくってフライパンに入れ、フライパンを傾けながら全体に広げる。蓋をして30秒蒸し焼きにする。

3. まな板の上でフライパンを逆さにして生地を落とす。ぷるぷるに蒸し上がった生地の上に大さじ1杯分の中の具材をのせ、イラストのようにして生地で包む（まず手前をかぶせ、両端をたたみ、クルクルと巻く）。
4. 刻んだベトナムソーセージ、フライドエシャロット、コリアンダーの葉をトッピングし、ヌクマムをつけて食べる。

郷土料理

多様性に富んだ国

「ベトナム料理」を語るなら、各地の郷土料理の話は欠かせません。国土が南北に長く広がるベトナムは、北部、中部、**南部の3つの地域から成り立っています。**それぞれ、たどってきた歴史と国境を接する隣国の影響を受けた、民族的かつ文化的に異なる特徴があります。

どの地域にも、独自の味と名物料理があります。レシピにも特色があり、使用されている調味料もさまざまです。

北部の料理

涼しい気候の山岳地帯であるため、煮込みやスープ、焼き物など、**温かい料理が多いのが特徴**です。

北部の料理は、やさしくひかえめな味わいです。香辛料が利きすぎていたり、脂っこすぎたり、辛すぎたりすることはありません。米粉の麺や生地と組み合わせた料理が多いのは、中国の影響です。

一般的な味付けには醤油かシュリンプペーストを使います。家畜の飼育が難しい地域なので、**名物のほとんどが魚料理**です。

ベトナム風魚の煮付け ［カー・コー］

とても人気のある家庭料理です。ベトナムでは、安くておいしいバサ、ライギョ、
ナマズなどがよく使われます。国外に移住したベトナム人たちは、
ドラド（ヨーロッパヘダイ）やサーモンなど、西洋で手に入る魚に合わせて
レシピをアレンジしました。わたしの父のお気に入りはサバで、
ソースで煮込むと非常に繊細な味わいになります。
調理中に身が煮崩れしないように、魚は輪切りにして使います。

この伝統料理は土鍋を使って作ります。**土鍋ならとても簡
単に煮詰めることができ**、風味も増します。ただし、急激
な温度の変化を加えないように気を付けてください。鍋が
真っ二つに割れてしまうことがあります。

土鍋を火にかけたら、ゆっくりと段階的に火を強めてくだ
さい。オーブンに入れて調理するときも同様です。それか
ら、熱くなった鍋を急に冷えた場所に置かないこと。ゆっ
くり冷ましてから移しましょう。もちろん土鍋がない場合
は、普通の鍋でも調理できます。

サバ800g（ドラドやサーモンでもよい）、ニンニク5片、
タマネギ1個、ココナッツウォーター300ml、ヌクマム
大さじ2、濃口醤油大さじ1、ピーナッツオイル大さじ2、
ブラウンシュガー（パームシュガーが好ましい）大さじ2、
塩、コショウ（粗挽き）、ワケギ（適量）

1. タマネギは薄くスライスする。ニンニクは大きめのみじ
   ん切りにする。魚は幅3cmの輪切りにする。
2. 土鍋（または普通の鍋）にピーナッツオイルと砂糖を入
   れ、徐々に加熱する。カラメル状になったら、ニンニク、
   タマネギを加えて混ぜ、1分待つ。
3. ヌクマムと醤油を2に加え、鍋底のソースをはがすよう
   にしながら、しっかりと混ぜてのばす。サバを鍋の底
   に並べ、ココナッツウォーターを注ぐ。沸騰したら火
   を弱め、30分煮込む。塩と粗挽きコショウで味を調える。
4. 土鍋のまま食卓に出し、小口切りにしたワケギを散ら
   す。辛くしたければ、赤トウガラシも加える。

魚の香草焼き［チャー・カー］

ベトナム北部でもっとも有名な料理のひとつです。ほかの地域ではお目にかかれません。
この料理は、植民地時代にドアンという一家が広めました。
ハン・ソン通り14番地にあったレストランに愛国者たちを住まわせ、
この家庭料理をふるまったのがはじまりです。あまりにも人気が出たので、
一時期、通りの名前がハン・ソンからチャー・カーに変わったこともあるほどです。
店はいまも同じ場所にあります。ショーウィンドウには、
ベトナム人にさまざまな釣りの技術を伝えたという中国の将軍、太公望の置物が飾られています。

このレシピで魚を調理すると、身がとても軟らかくおいしくなります。
通常はナマズを使いますが、アンコウを代用してもいいでしょう。

4人分

アンコウの切り身500g、ライム果汁1/4個、ニンニク2片、タマネギ1個、ディル1束、ワケギ1束、生ショウガくるみ大1個、ターメリックパウダー大さじ1、小麦粉、ヌクマム大さじ6、シュリンプペースト大さじ2、米酢大さじ6、水100ml、ピーナッツオイル大さじ2、砂糖大さじ1

1. ニンニクとショウガは皮をむいてみじん切りにする。アンコウの切り身は3cmほどのさいの目に切り、小麦粉をまぶす。身をはたいて余分な小麦粉を落とす。

2. ボウルにピーナッツオイル、ヌクマム、ショウガ、ニンニク、ターメリックパウダーを入れ、しっかり混ぜてマリネ液を作る。アンコウの身を入れ、そっと混ぜてマリネ液をしっかり絡ませる。冷蔵庫で3時間寝かせる。

3. シュリンプペーストのソースをつくる。ボウルに砂糖、シュリンプペースト、水100ml、米酢、ライム果汁を入れ、完全に溶けるまで混ぜる。

4. タマネギを細かいみじん切りにする。ワケギは長さ4cmに切る。ディルは大きめのざく切りにする。フライパンにピーナッツオイル（分量外）をたっぷり入れ、強火にかける。タマネギを炒めて水気を飛ばしたら、アンコウと半量のディルを加え、魚の両面をきつね色になるまで焼く。最後にワケギと残りのディルを加える。ワケギが軟らかくなったら火を止め、熱いうちにフライパンのまま食卓に出す。

5. 付け合わせには、ビーフン、コリアンダー、ディル、生のワケギ、ローストして砕いたピーナッツ、シュリンプペーストのソースを用意する。お好みで細い輪切りにした生トウガラシを加えてもよい。

南部の料理

ベトナム南部は**非常に肥沃な地域**です。料理はより素朴ですが、具は贅沢で量もたっぷりしています。また、中国、タイ、カンボジアの料理の影響で香りの幅がとても広いため、より風味に富んでいます。味付けの主要調味料は砂糖とココナッツ製品（ココナッツミルク、ココナッツウォーター、ココナッツカラメル）です。

海外におけるベトナム移民のほとんどがこの地域の出身なので、**西洋でベトナム料理としてもっともよく知られているのは、この南部の料理です**。フランスでは、「中華レストラン」に見えて、じつはベトナムの南部料理を食べているということがよくあります。

ベトナム風お好み焼き [バイン・セオ]

バイン・セオは「"セオ"するケーキ」という意味です。セオとは、
高温に熱したフライパンにレードル1杯分の生地を流し入れたとき、生地が焼かれる
ジュウジュウという音を表現したものです。タンパク源として肉と魚介類の両方を
躊躇なく混ぜて使う、ベトナム南部料理の食い道楽ぶりをよく表した一品です。

この料理の正確な由来は謎に包まれていますが、
生地にココナッツミルクを使うのはカンボジア
のクメール族の影響、そしてターメリック（ウ
コン）を使うのはインドの影響でしょう。

食べるときには、リーフレタス、シソ、
ベトナムコリアンダー、ミントの葉とい
っしょにいただきます。手のひらにリー
フレタスの葉を広げ、真ん中に具をのせ
て、香草を加えてしっかりと巻いたら、
ヌクマムソースに浸して食べましょう。

6人分

豚バラ肉300g、生エビ300g、乾燥緑豆50g、モヤシ50g、タマネギ1個、ワケギ4本、ターメリックパウダー小さじ1/2、米粉200g、水350ml、ココナッツミルク50ml、ピーナッツオイル、塩小さじ1/2

1. 乾燥緑豆をたっぷりの水に浸し、一晩寝かせる。翌日、鍋に湯を沸かし、水を切った緑豆を入れてときどきかき混ぜながら20分ゆでる。しっかり湯を切る。

2. 生地を作る。ボウルに米粉、塩、ターメリックパウダーを入れて泡立て器で混ぜる。さらに水とココナッツミルクを加えながら混ぜつづける。

3. タマネギはみじん切りに、ワケギは小口切りにする。豚バラ肉は薄くスライスする。エビは殻をむく。

4. フライパンに少量のピーナッツオイルを引いて強火にかけ、豚バラ肉のスライス4切れ、エビ4尾、タマネギ少々を入れて炒める。

5. 具材がきつね色に焼き上がったら、フライパン全体にバランスよく配置し、ワケギを全体に散らす。2をかき混ぜてレードル1杯分を具材の上から全体にかける。

6. クレープ生地が固まりはじめたら、緑豆大さじ1とモヤシ軽く1つかみを中央にのせ、蓋をして5分加熱する。

7. 生地を2つに折りたたみ、皿にのせる。残りの生地も同様に焼く。

生春巻き［ゴイ・クオン］

海外でもっとも有名なベトナム料理のひとつ、ゴイ・クオンは、
もともとベトナム南部で生まれた料理で、「巻いたサラダ」という意味です。
春の到来を祝って作るネム（揚げたゴイ・クオン）と同じようなものだと思ったフランス人は、
フランス語で「春の巻き物」を意味する「ルーロー・ド・プランタン」という名前を付けました。

名称は国によって少しずつ異なります。英語圏の国ではサマーロール（夏巻き）、香港とシンガポールではベトナミーズロール、日本では生春巻と呼ばれています。ベトナムではコース料理の前菜や食前酒のつまみ、軽食として大変好まれています。また、祝い事の当日はもちろんのこと、その翌日にも軽い食事として食べられています。生春巻きの

レシピはバリエーション豊富ですが、もっとも伝統的なのは海の幸と山の幸の具材を組み合わせたものです。エビと豚肉、そして乾燥豚皮のせん切りが使われたものが一般的です（豚皮のせん切りはアジア食材店で入手可能）。そして具材の味付けには、食感とほんのりとした香ばしさを加えてくれる焼米粉を使用します。

6人分

豚バラ肉1kg、ローストポーク300g、乾燥豚皮のせん切り100g、生エビ12尾、砂糖小さじ3、塩小さじ1、ビーフン200g、ライスペーパー丸形大12枚、焼米粉20g、オイスターソース小さじ3、ヌクマム小さじ2、ピーナッツオイル、リーフレタスの葉12枚、キュウリ1本、ニンニク3片、ミント1束、ワケギ1束、塩、コショウ

焼米粉

1. 豚バラ肉を5cm角に切る。ニンニクはみじん切りにする。
2. ニンニク、塩、砂糖、オイスターソース、ヌクマムを混ぜ、豚バラ肉に絡めて1時間寝かせる。
3. 鍋に湯を沸かす。火を止めて乾燥豚皮のせん切りを入れ、5分浸す。しっかり湯を切り、長さ5cmに切る。
4. フライパンに少量のピーナッツオイルを引いて火にかけ、豚バラ肉をきつね色になるまで炒める。冷めたら薄切りにする。豚皮のせん切り、細切りにしたローストポーク、焼米粉を混ぜて、塩とコショウで味付けする。
5. 鍋に湯を沸かし、ビーフンを入れて5分ゆでる。流水にさらして加熱を止め、水を切る。
6. エビの殻をむき、縦半分に切る。
7. キュウリを拍子木切りにする。ミントの葉を摘む。ワケギは2等分する。

乾燥豚皮のせん切り

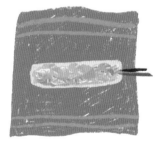

具を巻いて、生春巻きを仕上げる

冷たい水で湿らせたきれいな布巾を調理台に広げる。その上にライスペーパーをのせて湿らせる。上から3分の1のところに半分に切ったエビを3つ置き、隙間にミントの葉をのせる。その下にリーフレタスの葉とビーフン、次に豚バラ肉の薄切りとローストポークの和えもの大さじ1、最後にキュウリをのせる。
両サイドのライスペーパーを内側に折る。折った生地の上に、先端が外に飛び出すようにワケギをのせ、下から上に向かってしっかりと押さえながら巻く。

アドバイス

生春巻きはヌクマムソースをつけて食べますが、ピーナッツソースでもおいしくいただけます（p.41参照）。

スープ

スープがベトナム美食文化を牽引しているのは、いうまでもありません。
水分もとれる栄養満点のスープは、朝から晩まですべての食事にはもちろん、
間食にも好んで食べられています。

ベトナムを旅すれば、ベトナム人が一日中、どこでも、このすばらしい香りのおいしいスープを味わい、楽しんでいることがわかるでしょう。

ベトナムを代表するスープのひとつがフォーです。名前はフランスの煮込み料理「ポトフ」に由来しています。そのこ

とからもわかるように、この料理はフランス人の牛肉を愛してやまない心から生まれました。ベトナムの食材を愛情込めて長時間煮込むという、2つの文化を融合させたスープなのです。もともとはベトナム北部で生まれた料理ですが、南下するにしたがって具材がバラエティに富んでいきます。

スープ料理には
3つのカテゴリーが
あります

スープ麺

スープと麺と具で作られた、まさに美食の一品。ベトナムでは朝食のメニューとして親しまれています。

ライススープ

西洋では「おかゆ」と呼ばれています。ベトナム語ではチャオといい、さまざまな具材がトッピングされています。消化がいいので、子どもや病人に最適です。

カイン

食事に添えられるスープ。たいてい、ブイヨンベースに野菜、肉または魚が入っています。食べるときには、自分の好みでスープをごはんにかけ、具材をおかずにしていただきます。

牛肉のフォー［フォー・ボー］

<u>6人分</u>

牛すね肉（角切り）500g、牛バラ肉（骨付き）500g、牛フィレ肉400g、牛肉団子［ボー・ヴィエン］8個、牛骨3個、モヤシ100g、タマネギ3個、白タマネギ1個、タイバジル1束、コリアンダー1束、ワケギ1束、米粉麺400g、クローブ10粒、スターアニス（八角）6粒、シナモンスティック2本、ナツメグ1粒、コリアンダーシード大さじ1、カルダモン（少々）、黒コショウ（ホール）大さじ1、ヌクマム大さじ4

1. 寸胴鍋に牛バラ肉、牛すね肉、牛骨を入れる。かぶるくらいの水を注ぎ、火にかける。軽く沸騰した状態で10分ゆでる。湯を切り、水で洗う。

2. 寸胴鍋に1を戻し、水4リットルを注いで弱火にかける。ときどき灰汁を取りながら、1時間煮る。

3. タマネギの皮をむく。フォークを突き刺し、直火で炙って表面を焦がす。そこにクローブを突き刺す。

4. フライパンに、スターアニス（八角）、シナモンスティック、コリアンダーシード、黒コショウ、カルダモン、ナツメグを入れ、しっかり色が付くまで強火で空炒りする。

5. 焦がしてクローブを突き刺したタマネギと、炒めたスパイスを2に加える。ときどき灰汁を取りながら、弱火でさらに2時間煮る。

6. 灰汁取り用の網杓子を使って、タマネギ、スパイス、牛バラ肉と牛骨をスープから取り出す。ヌクマムと牛肉団子を加え、さらに10分煮る。

7. 別の大きな鍋に湯を沸かし、米粉麺を1〜2分ゆでる（ゆで時間は袋の表記にしたがうこと）。流水にさらして加熱を止め、水を切る。

8. 牛フィレ肉を薄切りにする。ワケギは小口切りに、香草類は葉を摘む。白タマネギは皮をむいて薄切りにする。

9. 口が広がった大きな椀に麺を入れ、薄切りにした生の牛フィレ肉、白タマネギ、モヤシをのせて、上から熱々のスープをかけまわる。スープといっしょに煮込んだ牛すね肉ものせる。香草類を散らす。

10. 各自が好みに合わせて味を調整できるように、フォーにはかならず、ホイシンソースとシラチャーソースを入れた小皿、新鮮な香草類を盛った皿、それにくし切りにしたライムが添えられます。

中部の料理

ベトナム中部の料理は、**隣接するカンボジアの文化**と、1802年から1945年までグエン王朝の首都が置かれて栄えていた**古都フエの影響**を受けています。ベトナムグルメのゆりかごともいわれる宮廷料理は、洗練された凝った料理として国中で評価を得ています。

陰と陽をもっとも尊重して作られているのは、この地域の料理です。王族とその民の健康に留意するために、**料理の栄養バランスや薬としての効用**を考えるうえでも、陰陽思想は大切にされてきました。

王宮では、400名以上の使用人が2つの部門に分けられ、料理の開発と調理に専念していました。毎回、医師の監修のもと、50名の料理長が50の異なる料理を準備し、衛生状態を保つため、調理道具は使うたびに破棄されていたといいます。

一年のあいだに同じ料理を作ることは禁止されていたため、この時代にたくさんのベトナム料理が生まれました。

フエの牛肉スープ麺
[ブン・ボー・フエ]

この手の込んだスープのレシピを見ただけで、フエの料理がどれほど洗練されていたかがわかります。
豚肉とエビだけでなく、王家の肉とされていた牛肉まで使われます。
そしてなにより、このレシピのために特別に開発された米粉の太麺。
いつでもすぐに見つけられるように、この麺の袋にはかならず料理名が記載されています。

ベトナムではトウガラシはほどほどに使用されますが、このスープは伝統的な料理にしてはめずらしく、とても辛い料理です。これは、ベトナム中部地方に暮らしていたカンボジアのチャム族の影響です。西洋の国では、たいてい辛さがひかえめにして出されています。ちなみにベトナムでブン・ボー・フエの屋台を見つけるのは簡単です。赤いスープの入った鍋を探せばいいのですから。

ブン・ボー・フエ専用
米粉の太麺

4人分

- 牛すね肉300g
- 豚足4本
- モヤシ40g
- ニンニク2片
- タマネギ1個
- コリアンダー1束
- ワケギ1束
- ベトナムコリアンダー1束
- ノコギリコリアンダー1束
- ショウガ50g
- ブン・ボー・フエ専用米粉麺400g
- レモングラス3本
- シナモンスティック1本
- シュリンプペースト大さじ2
- トウガラシペースト大さじ1
- サテパウダー大さじ1
- ヌクマム適量
- 砂糖大さじ1
- 粗塩大さじ1

1. タマネギとショウガの皮をむく。フォークを突き刺し、直火で炙って表面を焦がす（イラストのように、網にのせて焼いてもよい）。
2. ニンニクの皮をむき、みじん切りにする。レモングラスを2等分し、包丁の柄で叩いて潰す。
3. 鍋に牛すね肉と豚足を入れ、かぶるくらいの水を注いで火にかける。軽く沸騰した状態で10分ゆでる。湯を切り、水で洗う。
4. 鍋に3と水2リットルを入れ、ニンニク、レモングラス、ショウガ、タマネギ、シナモンスティック、ヌクマム、砂糖、粗塩、サテパウダー、トウガラシペースト、シュリンプペーストを加える。蓋をして火にかけ、ときどき灰汁を取りながら2時間煮込む。
5. 香草類の葉を摘んで、みじん切りにする。
6. 別の鍋に湯を沸かし、米粉麺を5分ゆでる。流水にさらして加熱を止め、水を切る。
7. 椀に麺を入れ、肉とスープを注ぎ、モヤシと香草類をトッピングする。
8. スライスしたベトナムソーセージや、豚の血のかたまりを入れてもいい。どちらもアジア食材店の生鮮食品コーナーで手に入れることができる。

焼肉のせビーフン
［ブン・ティット・ヌオン］

西洋のベトナム料理店で食べられる有名なボー・ブン（牛肉のせビーフン）は、ベトナムにはありません。ベトナム移民たちが移住先で開いたレストランで西洋人向けに牛肉を使って作った料理だからです。

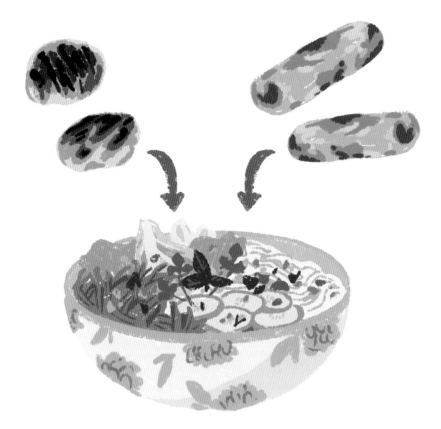

この伝統的なベトナム料理の名前はブン・ティット・ヌオンですが、レシピはほとんどボー・ブンと同じです。ただし、オリジナルのレシピでは焼いた豚肉が使われます。「ビーフンサラダ」ともいえる冷たい料理で、パリパリした生野菜と香りのよい葉物野菜を大量に使い、仕上げに焼いた熱々の肉をのせます。

ベトナム中部で生まれた料理ですが、ほかの地域でもアレンジされて親しまれています。たとえば、北部には焼いた豚肉団子を入れたつけ麺ブン・チャー、南部には揚げ春巻きをのせたブン・チャー・ゾーがあります。

4人分

豚肩ロース肉600g、モヤシ50g、レタス4枚、ワケギ4本、ニンニク2片、赤タマネギ1個、レモングラス4本、ミント1束、コリアンダー1束、タイバジル1束、ビーフン200g、ヌクマム大さじ2、醤油大さじ1、オイスターソース大さじ1、ピーナッツ、フライドオニオン、ベトナム風なます(p.50バイン・ミーのレシピ参照)、ヌクマムソース(p.7参照)、ネギ油(p.40参照)、ピーナッツオイル、砂糖大さじ1

1. 豚肉を幅5mmに切る。
2. ニンニクと赤タマネギの皮をむいてみじん切りにする。ワケギの白い部分とレモングラスの茎は小口切りにする。ニンニク、赤タマネギ、ワケギ、レモングラス、ヌクマム、オイスターソース、醤油、砂糖を混ぜ、豚肉を漬けて冷蔵庫で一晩寝かせる。
3. 鍋に湯を沸かし、ビーフンを5分ゆでる。流水にさらして加熱を止め、水を切る。
4. レタスはせん切りにする。ミント、コリアンダー、タイバジルの葉を摘む。
5. フライパンに少量のピーナッツオイルをひいて、肉がきつね色になるまで強火で炒める。
6. 椀にビーフンを入れ、肉をのせてネギ油をかけまわす。レタス、モヤシ、ベトナム風なます、ローストして砕いたピーナッツ、フライドオニオン、香草類をトッピングし、ヌクマムソースをたっぷりかける。

ベトナム風蒸し餅 [バイン・ベオ]

あまり知られていませんが、ベトナム人の大好きな料理のひとつです。
伝統的なベトナム料理を出すレストランのメニューにはかならずあるはずです。
ベトナムではストリートフードとして親しまれています。
たくさんの小皿と大きな鍋を使って蒸すので、
家庭ではなかなかたくさん作ることができない一品です。

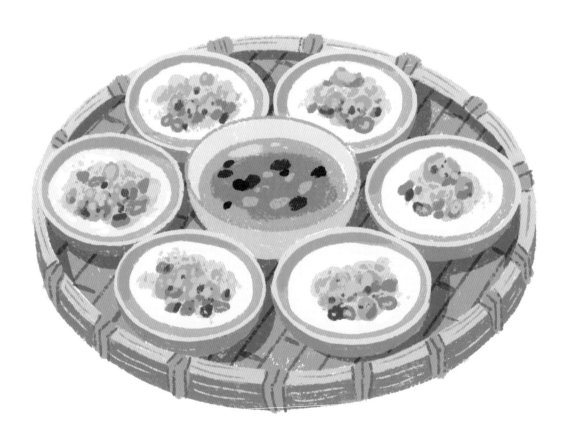

米粉とタピオカ粉で作る小さな餅で、一般的にはエビをトッピングします。「バイン・ベオ」は「水草（ベオ）のケーキ」という意味で、形が池の縁に浮かぶ水草に似ていることに由来しています。いつも卓上で調味料やソースを入れている小皿を使って調理します。

4人分

- 生エビ 200g
- 赤タマネギ 1/2個
- 米粉 200g
- タピオカ粉 20g
- ヌクマムソース (p.7参照)
- ネギ油 (p.40参照)
- ピーナッツオイル
- 砂糖
- 塩、白コショウ

1. 米粉と冷たい水250mlを混ぜる。
2. 熱湯250mlを1に加えて混ぜる。表面を
   ラップで覆い、室温で一晩寝かせる。
3. 赤タマネギの皮をむいて、みじん切りに
   する。エビは殻をむいて細かく刻み、たっ
   ぷりの塩とコショウで味付けをする。
4. フライパンを中火にかけ、3を入れる。と
   きどき混ぜながら10分ほど炒めて水気を
   飛ばす。
5. タピオカ粉、砂糖と塩それぞれ小さじ1/2
   を2に加え、全体が滑らかになるまで混ぜ
   る。
6. 小皿にピーナッツオイルを塗り、5を半分
   まで入れる。蒸し器に入れて7分蒸す。ト
   ングや箸などを使ってそっと取り出す。
7. それぞれの小皿に4をのせ、ネギ油をかけ
   る。ヌクマムソースはお好みで。

アドバイス

このレシピが生まれたフエでは小皿に入れたままで出し
ますが、中身だけ取り出して提供する地域もあります。
そのときは、大きなスプーンで皿からていねいに取り出
しましょう。

お祝い料理

ベトナムの慶事には特別な料理が欠かせません

旧正月や結婚式などの祝祭があると、
ベトナムでは何週間も前から準備をします。どの家庭でも、
華やかな飾り付けと豪華な食事で隣人や親戚をもてなします。
ベトナムの人たちにとって祝い事は、
自分たちの仕事ぶりと気前のよさを示すための大事な機会なのです。

テト（旧正月）

テトはベトナムの神聖な祭りです。この祭りは1週間つづき、それに合わせてベトナム人たちは休暇を取ります。昔ながらの商店は休みになってしまうので、困らないように事前にしっかり準備をしておく必要があります。

テトは旧暦（太陰暦）の正月にあたりますが、**新年を迎えるということ以外**にも、祝うべき重要なイベントがいろいろとあります。それは……

● 新しい干支のはじまりです。その年の干支の動物をあらゆる飾り付けに使って、復活を祝います。

●すべてのベトナム人の「誕生日」です。新年がくると、だれもが1つ年を取ります。子どもが1歳になる日は別として、ベトナムでは伝統的に、西洋のように個人の誕生日を祝うことはあまりしません。

● 春の訪れです。

● 家の守り神である、かまどの神様を祀ります。テトの1週間前には家じゅうくまなく掃除をし、赤と金で飾り付けをします。家の中に樹木（たいてい桃かあんず）を置き、子どもやお年寄りに渡すお年玉を入れた赤い封筒を枝にかけます。テトのあいだは親戚の家をまわって、贈り物をしたり飾り付けを眺めて楽しんだり、先祖に祈りを捧げたり、みんなでいっしょに食事を楽しみます。裕福な家庭は、家の近くでドラゴンダンスを上演させることもあります。

お年玉はリー・シーといって、赤と金の小さな封筒に入れられます。

女性たちは何週間も前からテトの料理を準備します。
なによりも重要なのは肉料理、そしてフルーツです。

どの家庭でも、たっぷりのフルーツの盛
り合わせを人目につくように飾ります。
フルーツは5種類で、ベトナム人の新年
への5つの願い――幸福、健康、繁栄、
長寿、平和――を表しています。一般的
に、北部では緑のバナナ、柿、キンカン、
オレンジ、グレープフルーツが、南部で
はパイナップル、ココナッツ、パパイヤ、
マンゴー、マンゴスチンが盛られます。

テトの準備に入る最初の日は、守護神オン・タ
オを祀る日でもあります。この日、「かまどの
神様」と呼ばれているオン・タオは、家の台所
を離れて天に昇ります。天帝に、その年の一家
の善行の有無を報告するためです。したがって、
少しでもよい評価をしてもらうために、ベトナ
ム人はたくさんの料理を供えます。オン・タオ
は天に6日間留まり、テトの当日、各家庭の台
所に戻ってきます。そしてまた新たに1年、家
を守るのです。

祖先崇拝

祖先崇拝はベトナムでもっとも古い信仰です。代々受け継がれ、
人々の生活の一部となっています。先祖を讃え、家族を敬うのはもちろんのこと、
宗教のように瞑想したり、
加護を求めて一族の祖霊に祈りを捧げたりすることもあります。

先祖の仏壇はかならず家の中心に据えられます。たいていリビングとして使われている部屋に置かれ、先祖の写真が順番に飾ってあります。仏壇の世話をするのは家長の役目であり、家長が亡くなったら、長男もしくはそれに近い男性が引き継ぎます。仏壇には線香立てが3つ（先祖、仏陀、家の守護神のために1つずつ）と、ロウソクが2本（太陽と月のために1本ずつ）置かれています。毎回祈りを捧げる前には、ロウソクに火を灯し、線香に火をつけて3つの線香立てに1本ずつ立てます。

ベトナム人は生まれ変わりを信じています。しかし魂の転生とは、その人物の生前の悪行、いわゆる「カルマ（業）」の結果です。したがって残された家族は、死者の魂が解放されるよう祈らなくてはなりません。輪廻から魂を救い、子孫を守ってもらうためです。この輪廻の輪は上図のように表されます。涅槃への到達を望む前の魂が、地上をさまようさまが描かれています。

先祖の霊を招くため、毎日のように供物を仏壇に供えます。花やフルーツ、コップにくんだ水などですが、故人の好みに応じて、ときには酒やタバコなども供えられます。

ベトナムの旧正月を祝うテトのような大きな祝祭のとき、**お祝いの料理は、まず先祖に供えられます。**先祖の数だけ食器を並べたテーブルに、だれも手を付けない状態でお供えするのです。

結婚

国の西洋化によりベトナム人の結婚観は大きく近代化しましたが、
それでもベトナムの親たちは子どもたちをこう諭します。
本来、結婚とは非常に体系化されたものなのだと。

わたしたちの親の世代は、自由に伴侶を選べることはほとんどありませんでした。いまでも、伝統を重んじる多くの家庭ではそれが受け継がれています。ベトナムにおける結婚は、近しい2つの家が親戚として繋がり、一族の家名と伝統を永続させるための合意と見なされてきたのです。そして幸せであると証明するために、結婚後はすぐに子どもをつくり、賑やかな家庭を築くことを推奨されていました。

通常、結婚指輪の交換は新婦の家で行われます。この指輪は、新婦が新しい家族と結ばれ、これから新郎宅でいっしょに暮らしていくことを象徴するものです。西洋とは逆で、新婦を送り出すのは母親の役目です。新郎の家族はケーキ、茶葉、花、フルーツなどたくさんの贈り物を持参しますが、その中には先祖の仏壇に供える2本のロウソクも含まれています。

ベトナム人が結婚式で用いる菓子がバイン・スー・セーで
す。結婚を象徴するパンダンリーフで風味付けしたタピオ
カ粉の生地で、若夫婦の輝く心を表したインゲンマメの黄
色い餡を包んだものです。

バイン・スー・セー

約12個分

生地	餡
・ココナッツの実1個	・乾燥緑豆125g
・パンダンリーフ50g	・バナナの葉
・ゴマ	・ピーナッツオイル
・タピオカ粉225g	・砂糖75g
・湯275ml	・塩
・砂糖50g	
・ピーナッツオイル	
・塩	

1. 乾燥緑豆をたっぷりの水に浸し、一晩寝かせる。翌日、
   鍋に湯を沸かし、水を切った緑豆を入れてときどきか
   きまわしながら20分ゆでる。しっかり湯を切り、砂糖
   と塩ひとつまみを加えて混ぜ、ペースト状にする。
2. 少量のピーナッツオイルを引いたフライパンを火にか
   ける。1のペーストを入れ、ちょうどいい硬さになるま
   で炒めて水分を飛ばす。粗熱が取れたら12等分し、手
   の平で丸める。
3. 生地を準備する。ココナッツの実を割り、ペティナイ
   フを使って果肉を削り取る。ざっくり刻んだパンダン
   リーフと湯275mlをミキサーで撹拌し、きれいな布で
   こして鍋に入れる。タピオカ粉、砂糖、塩ひとつまみ、

ピーナッツオイル少々を加え、全体がもったりするま
で弱火で混ぜつづける。さらにココナッツの果肉を加
えてよく混ぜる。
4. バナナの葉を洗い、表面に軽く油を塗る（または、軽く
   油を塗ったラップを使う）。
5. 4を四角くカットし、中央にゴマを軽くひとつまみ散ら
   す。その上に3の生地を大さじ1のせ、丸めた餡を置い
   たら、さらに大さじ1の生地で覆う。外側の葉を折り曲
   げて包み、15分蒸し焼きにする。

食前酒

ビア・ホイは直訳すると「冷えたビール」という意味ですが、
ベトナム人にとってこの言葉は飲み物だけではなく、人々が集う場所も示します。
食前酒の時間は、ベトナム文化そのものだといえるでしょう。

午後の終わりになると、通りには専門の安酒場が店を出し、客を迎える準備をはじめます。家族連れ、友人や同僚同士が集まり、大きな話し声が飛び交います。あちこちで「モッ、ハイ、バー、ヨー！（乾杯！）」や、「チャム、ファン、チャム！（一気！）」などの乾杯のかけ声があがり、酒を一気に飲み干す光景が繰り広げられます。

ビア・ホイは鮮やかな黄色の生ビールです。原料の50％にアルコール度数の低い米（3〜4度）を使っているため、ベトナム人にとってはとても飲みやすいお酒です。このビールは植民地時代にヨーロッパ文化から着想を得て生まれました。ベースとなったのは、ドイツの醸造所の技術とスペインのタパス（小さなおつまみ）文化です。当初は贅沢品でしたが、いまではだれもが気軽に楽しめる飲み物になりました。通常、1杯5000ドン（約30円）で売られています。

ビア・ホイ用のグラスも象徴的な一品です。薄い緑色の厚みがあるグラスで、ガラスをリサイクルして作られているため、ガラスには気泡や不純物がたくさん含まれています。ドイツ留学を終えたベトナム人の芸術家が政府から、安くて環境にやさしく、熱帯性気候のベトナムでも冷えたビールの温度を維持できるような、耐久性の高いグラスを考案するよう命じられて作ったのがこのグラスです。

ビア・ホイにはおつまみが欠かせません。生ピーナッツや、発酵豚肉で作るドライソーセージのネム・チュア、辛いソースにつけて食べる干しイカなどが定番です。

ネム・チュア

12個分

- 豚モモ肉1kg
- 乾燥豚皮のせん切り200g
- トウガラシ2本
- ニンニク4片
- バナナとグアバの葉
- タピオカ粉小さじ1
- 焼米粉100g
- ヌクマム大さじ1
- 砂糖大さじ1
- 塩小さじ1
- 白コショウ小さじ1

1. 鍋に湯を沸かす。火を止めて乾燥豚皮のせん切りを入れ、5分浸ける。しっかり湯を切り、長さ5cmに切る。
2. 豚肉は脂を取り除きミンチにする。大きなボウルに豚挽肉、豚皮、焼米粉、ヌクマム、タピオカ粉、砂糖、塩、白コショウを入れて混ぜる。50gずつに分けて団子にする。上にスライスしたニンニクとトウガラシの輪切りをのせ、グアバの葉を貼り付ける。バナナの葉でしっかり包んで四角く形を整え、紐で縛る。
3. 約25℃の室温に4日間置き、発酵させてから食べる。その後は発酵を止めるため冷蔵庫で保存する。

揚げ春巻き［チャー・ゾー］

フランスでは「ネム」または「皇帝の巻き物」と呼ばれています。
「皇帝の巻き物」という料理名を付けたのは入植者たちでした。
彼らは、この料理が貴族の食卓に定番メニューとして並び、
グエン王朝の宮廷で催される式典でもよく出されていることに注目したのです。

ベトナムの祝宴には欠かせない料理です。女性たちは総出でこの「皇帝の
巻き物」作りに取り組み、隣人や親しい人たちにもお裾分けをします。

この料理は、ベトナムの北部ではネム・ザン、南部ではチャー・ゾーと
呼ばれています。ベトナムから移住した人口の大半が南部出身者なので、
海外ではチャー・ゾーという名前のほうがよく知られています。前菜と
してはもちろんのこと、ビーフンといっしょにメインディッシュとして
も食べられています。

オリジナルのレシピでは、中の具材には豚肉とエビの両方が使われてい
ます。そのほかの材料は陰と陽の考え方に応じて、バランスを取るため
にメイン食材を補います(p.6参照)。

ライスペーパー丸形
大12枚

豚肉挽肉100g

卵1個

モヤシ70g

ワケギ1束

生エビ50g

タマネギ70g

ニンジン30g

緑豆春雨10g

乾燥キクラゲ10g

砂糖10g

揚げ油適量と塩5g

ヌクマム100ml

1. 乾燥キクラゲはぬるま湯に20分浸けて戻し、水気を切る。

2. 鍋に湯を沸かし、緑豆春雨を入れて5分ゆでる。湯を切り、冷水にさらして加熱を止める。しっかり水を切り、ハサミで長さ2cmに切る。

3. 殻をむいたエビとモヤシをナイフでぶつ切りにする。ワケギは、白い部分は小口切りに、緑の部分は長さ1cmに切る。皮をむいたニンジンとタマネギ、それにキクラゲをフードプロセッサーにかけ、粗みじん切りにする。

4. ボウルにライスペーパーと揚げ油以外のすべての材料を入れて混ぜる。

5. 春巻きを作る。冷たい水で湿らせたライスペーパーの上に、4を大さじ山盛り1杯のせる。まず両端を折ってから巻く。

6. 揚げ油を火にかける。170℃に達したら5の春巻きを入れ、きれいなきつね色になるまで8分ほど揚げる。

アドバイス

● 揚げ春巻きには、サラダ菜の葉、生のミント、ヌクマムソース（p.7参照）を添えて出しましょう。

● 油の温度の確認には木の箸を使います。油に入れたときに箸先から細かい泡が出てきたら、ちょうどいい温度になったという合図です。

● 揚げた春巻きはしっかりと油を切りましょう。油から出したらキッチンペーパーにのせるか、しばらく網にのせて余分な油を落とします。

ベトナム風ローストダック
［ヴィット・クワァイ］

ベトナムではお正月にこの料理を食べることは禁止されています。
新しい年の最初の1か月は、イカ、エビ、そして家鴨は避けるべき食材とされているのです。
イカの黒い炭は凶兆のサイン、エビは後ろ向きに泳ぐ（過去ではなく、未来に向かって進もう）、
家鴨は……マヌケで有名だからです！

ただし、新年以外では喜ばれます。つやつや
に焼き上げる方法は中国直伝の技術です。ベ
トナム人は1羽まるごと注文するのが好きで
すが、ロースターがなくても、自宅でじゅう
ぶん調理できます。

6人分

・家鴨1羽（丸ごと）
・ニンニク4片
・ショウガ10g
・五香粉大さじ2
・ハチミツ大さじ5
・ホワイトビネガー
・ピーナッツオイル大さじ2

1. 鍋に湯を沸かし、家鴨を入れて5分ゆでる。取り出して網にのせ、表面が乾いたらホワイトビネガーを全体に塗る。乾くのを待って、もう一度ビネガーを塗る。

2. ニンニクとショウガは皮をむいてみじん切りにする。ボウルにハチミツ、ニンニク、ショウガ、五香粉、ピーナッツオイルを入れ、よく混ぜて漬けダレを作る。オーブン用の耐熱皿に家鴨をのせ、全体に漬けダレを塗り、冷蔵庫に一晩入れて寝かせる。

3. オーブンを180℃に予熱する。

4. 冷蔵庫から家鴨を取り出し、水気を切って、いったん別の皿に移す。残った漬けダレも別の皿に取り出す。

5. 取り出した漬けダレを刷毛で家鴨全体に塗る。耐熱皿に戻してオーブンに入れ、20分焼く。

6. 一度オーブンから取り出し、家鴨をひっくり返して漬けダレを塗る。またオーブンに戻して20分焼く。

7. もう一度6と同じ作業を繰り返す。

ベトナム風 豚の角煮
［ティッ・コー・チュン］

かつてはお祝いの料理でしたが、いまでは日常の食卓に欠かせない料理になりました。
お手頃で子どもたちにも大人気なこの料理は、
ベトナム中で愛されています。豚肉をココナッツジュースで煮込み、
最後に卵を煮汁で固めにゆでるのが伝統的なレシピです。

長く煮込むことで、豚は皮も肉もとろけるように軟らかくなります。

これこそ、ベトナムの家庭料理です。だれでも簡単においしく作ることができます。

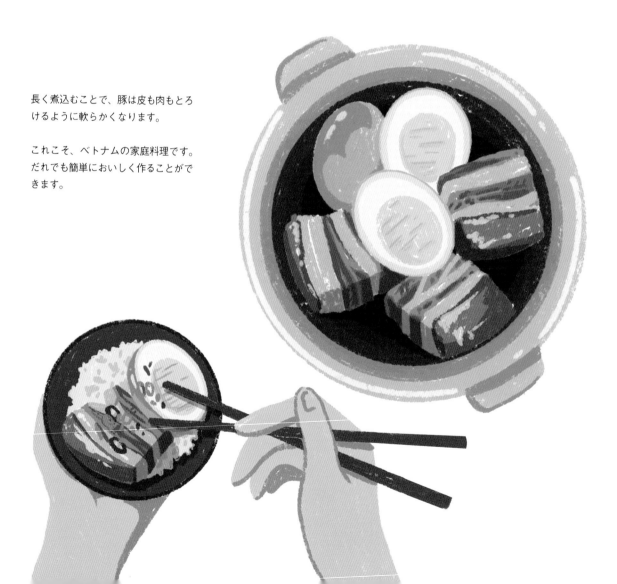

4人分

- 豚バラ肉1kg
- 卵10個
- ニンニク2片
- 生ショウガ20g
- ワケギ1束
- 生トウガラシ小1本（お好みで）
- ヌクマム大さじ4

- 無糖ココナッツジュースまたはココナッツウォーター500ml
（またはココナッツの実から直接採取した果汁でも可）
- 砂糖100g
- 塩2g
- 黒コショウ2g

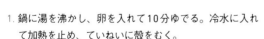

1. 鍋に湯を沸かし、卵を入れて10分ゆでる。冷水に入れて加熱を止め、ていねいに殻をむく。

2. 豚バラ肉は皮付きのまま4cm角に切る。ニンニクとショウガは皮をむいてみじん切りにする。

3. 寸胴鍋にバラ肉を入れ、かぶるくらいの水を注いで火にかける。軽く沸騰した状態で10分ゆでる。湯を捨て、水で洗う。

4. 煮汁を作る。鍋に砂糖と水50gを入れ、混ぜずにそのまま強火にかける。砂糖が茶色くなったら混ぜはじめる。滑らかになってきたら、洗ったバラ肉、ニンニク、ショウガ、コショウ、ココナッツジュース、ヌクマム

を加えて混ぜる。蓋をして弱火で1時間煮込む。

5. 殻をむいたゆで卵を加え、煮汁がシロップ状のソースになるまで、蓋を開けたままさらに30分煮込む。塩で味を調える。

6. 小口切りにしたワケギを肉に散らす。辛くしたければ、刻んだ生トウガラシも加える。卵を半分に切って添え、食卓の中央にのせる。ご飯を忘れずに。

ベトナム風鍋［ラウ］

ベトナム風鍋は、みんなで賑やかに食卓を囲むときの定番料理です。
テーブルの中央に置かれた熱々のスープに、**各自が好きな具材を入れて火を通していただきます**。
伝統的な料理ですが、地域ごとに特色があります。

● 水田が多いベトナム北部では、トマトとタマリンドの酸味が利いたカニのスープ鍋が一般的です。

● 南部では、牛、羊、鶏、家鴨など肉の具材がメインの鍋が好まれますが、ティラピアを入れる魚の鍋もあります。

● 中部ではイカやエビや魚介類を具材にした海鮮鍋が人気ですが、牛肉の鍋も食べられています。

ここでは一例として肉の鍋のレシピをご紹介しますが、鍋は自由な料理ですので、自分の好きな具材なら何を入れても大丈夫です！

6人分

スープ

鶏ガラ1個、鶏骨3個、タマネギ3個、クローブ10粒、スターアニス（八角）6粒、シナモンスティック2本、コリアンダーシード大さじ1、ナツメグ1粒、ヌクマム大さじ4、黒コショウ（ホール）大さじ1、カルダモン少々

鍋の具

牛フィレ肉600g、鶏ムネ肉600g、鴨ムネ肉600g、硬い豆腐（木綿豆腐など）200g、白菜1個、シイタケ200g、豆モヤシ200g、赤タマネギ1個、コリアンダー1束、ワケギ1束、ビーフン300g

1. 寸胴鍋に鶏ガラと鶏骨を入れ、かぶるくらいの水を注ぎ火にかける。軽く沸騰した状態で10分ゆでる。湯を捨て、水で洗う。
2. タマネギの皮をむく。フォークを突き刺し、直火で炙って表面を焦がす。そこにクローブを突き刺す。フライパンにスターアニス（八角）、シナモンスティック、コリアンダーシード、黒コショウ、カルダモン、ナツメ

グを入れ、しっかり色が付くまで強火で空炒りする。
3. 寸胴鍋に洗った鶏ガラと鶏骨を入れ、水4リットルを加えて火にかける。焦がしてクローブを突き刺したタマネギと空炒りしたスパイスも加え、ときどき灰汁を取りながら弱火で1時間煮る。
4. 灰汁取り用の網杓子でスパイス、タマネギ、鶏ガラと鶏骨を取り出し、ヌクマムを加える。

5. 具材を準備する。肉は薄切りにし、豆腐はキューブ状に切る。ビーフンは沸騰した湯で5分ゆでてから、流水にさらして加熱を止め、水を切る。白菜を刻む。シイタケと赤タマネギは薄切りにする。コリアンダーの葉を摘み、ワケギは小口切りにする。

6. テーブルの中央に卓上コンロを置き、熱いスープを入れた鍋をのせる。コリアンダーとワケギをスープに散らす。残りの具材はそれぞれ皿に盛る。各自が自分の好きな具材をスープに入れて簡単に取り出せるように、1人ひとりに小さな穴杓子が用意できれば理想的。

7. 鍋はヌクマムや醤油をつけて食べるのがおすすめ。

ゆで鶏 [ガー・ルオック]

「ゆで鶏」はさまざまな祝い事や旧正月（テト）に欠かせない重要な料理であるため、
たいてい一家の家長が調理します。ちゃんと調理すれば、鶏肉はびっくりするほど軟らかく、
ジューシーでおいしくなります。鶏肌がより黄色く（富と幸運の色）、
香り高く、光沢を帯びていればいるほど、新年がすばらしいものになるといわれています。
もちろん、まずは先祖の仏壇に供えてからでなければ、
切り分けることも食べることもしません。

ゆで鶏は、結婚式や新居祝いのパーティー
にも欠かせない料理です。

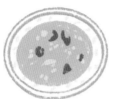

6人分

ゆで鶏
- 地鶏1羽(丸ごと)
- タマネギ1個
- エシャロット2個
- ショウガ大1個
- ターメリックパウダー小さじ1
- コブミカンの葉10枚ほど
- 粗塩

ソース
- 砂糖小さじ1
- ライム果汁小さじ1
- ショウガくるみ大
- ニンニク1片

1. 粗塩をこすりつけて地鶏の皮をきれいにする。水でていねいに洗い流し、乾かす。

2. タマネギ、エシャロット、ショウガは皮をむいてざっくり刻み、コブミカンの葉6枚といっしょに鶏の腹に詰める。ターメリックパウダーを皮にすり込む。

3. 鍋に鶏を入れ、かぶるくらいの水を注ぐ。粗塩大さじ1を加え、火にかける。沸騰したら弱火にして30分ゆでる。鶏を取り出して湯を切ったら、すぐに冷水に入れて加熱を止める。こうすると鶏が黒ずむのを防ぐことができる。10秒待って取り出し、しっかり水を切る。

4. ソースを作る。ショウガとニンニクは皮をむいてみじん切りにする。砂糖、ライム果汁と混ぜ、塩ひとつまみを加える。

5. 残りのコブミカンの葉を細かく刻み、鶏の上に散らす。お祝いのあいだはそのまま飾っておき、客に出す際になったら台所で切り分ける。ソースを添え、ご飯をよそった皿に盛る。

豚肉のちまき［バイン・テト］

旧正月（テト）のお祝いに欠かせない料理です。どの家庭でも何日も前から作りはじめ、家ごとにオリジナルのちまきを、新年に家族や近所に配ります。

この料理には名前と形が異なる2つのバリエーションがあります。北部ではバイン・チュンと呼ばれていて、大地を表す四角い形をしています。バイン・テトと呼ばれるものは南部のもので、天を表す円筒形をしています。どちらもベースとなる材料は同じで、糯米と潰した緑豆、豚バラ肉をバナナの皮で包んで作ります。

ちまきは温かいうちに、ベトナム風なますを添えていただきます。

ちまき2個分

豚バラ肉200g、乾燥緑豆（皮なし）200g、パンダンリーフ3枚、糯米500g、無糖ココナッツジュース300ml、ヌクマム、塩、砂糖、コショウ

包み用
バナナの葉、紐、ラップ

1. 糯米と緑豆を別々のボウルに入れて、たっぷりの水に浸し、1日寝かせておく。
2. 糯米と緑豆をていねいに洗って、水を切る。
3. 緑豆は20分蒸してから、フォークの背を使って滑らかになるまで潰す。しっかり塩味を付ける。
4. 豚バラ肉は4×15cmほどの大きな短冊に切る。砂糖大さじ1、塩小さじ1/2、ヌクマム大さじ2を加えて混ぜ、冷蔵庫で1時間寝かせて味を染みこませる。
5. ざっくり刻んだパンダンリーフとココナッツジュースをミキサーにかけて撹拌し、きれいな布巾でこす。
6. フライパンに5と水を切った糯米を入れ、塩ひとつまみを加えて、混ぜながら弱火で10分加熱する。
7. バナナの葉を流水できれいに洗い、拭く。
8. ちまきを成形する。バナナの葉を光沢のある溝が付いた面を上にして横に広げる。まず糯米で横に細長い層を作り、その上に緑豆の層を重ねる。中央に豚バラ肉の短冊を横向きのせ、ふたたび緑豆、糯米の順に層を重ねる。緑豆の層は糯米の層よりも小さめにすること。この1個分で材料の半分の量を使うようにする。
9. 葉の先端を折り返して具の上にかぶせる。次に、両脇の葉を縦に閉じて具にしっかり巻き付け、紐をかけて縛る。その状態で垂直に立て、中の具材を下に寄せる。

上部の葉は余分な長さを切り取って折り畳み、縦長に紐をかけてしっかり縛る。包み方に自信がなければ、ラップを巻いて上からもう一度しっかりと押し固める。
10. 同じ方法で2つめのちまきを作る。
11. 水を入れた大きな鍋にちまきを浸して火にかけ、わずかに沸騰させた状態で6時間ゆでる。必要に応じてときどき水を足す。金網の上にのせて湯を切り、そのまま室温で冷ます。

お祝いのケーキ

西洋の影響で、ベトナムでもイベントやお祝いのときには
大きなケーキが作られるようになりました。
最近、誕生日や結婚式などで人気なのは、
ドリアンの香りがするクリームをたっぷり使ったアメリカ風のホールケーキです。

ベトナムでもっともポピュラーなケーキはザウ・カウという
ゼリーのケーキです。とても簡単なので家庭でもよく作
られます。ゼリーのベースは海藻を粉末にした市販の寒天
で、一度溶かして沸騰させると、冷める段階でゼリー状に
変化します。イギリスのプルプルとしたゼリーとはまった
くの別物で、ベトナムのゼリーはしっかり噛める食感です
が、その味わいはとても爽やかです。

ゼリーの風味付けによく使われるのは、きれいな緑色と
バニラビスケットのような味が特徴のパンダンリーフで
す。ほかにも、ココナッツミルクやコーヒーが使用され
ることもあります。ベトナムでは多くのお菓子屋さんで
花のモチーフの美しいゼリーケーキが売られています
が、これは色を付けた寒天ゼリーを注射器で透明なゼリ
ーに注入して作ったものです。

ザウ・カウ

6人分

- パンダンリーフ6枚
- 粉末寒天10g
- ココナッツミルク300g
- 水
- 砂糖100g

1. ざっくり切ったパンダンリーフと湯200gをミキサーに
   かけて撹拌し、きれいな布巾でこして冷ます。
2. 鍋を2つ用意する。1つめの鍋にココナッツミルク
   200g、水300g、砂糖50g、寒天5gを入れて混ぜる。2
   つめの鍋には1と、水300g、砂糖50g、寒天5gを入れ、
   混ぜる。
3. 1つめの鍋を火にかけ、泡立て器で絶えずかき混ぜなが
   ら、沸騰するまで加熱する。沸騰したらとろ火にして、
   さらに5分、かき混ぜながら加熱する。熱いうちに四角
   い容器に流し込み、すぐに冷蔵庫に入れる。

4. 2つめの鍋も同じように加熱調理する。3を取り出し、
   固まってきた白いゼリーの上に2つめの鍋の中身を流し
   込む。
5. 冷蔵庫で2時間以上冷やす。取り出して型から外し、切
   り分ける。

中秋節 ［テト・チュン・トゥー］

ベトナムで旧正月（テト）の次に重要なのが月の祭り、中秋節です。
祭りが行われるのは秋の半ばですが、テトと同じく、正確な日付は太陰暦に従って毎年変わります。
この夜の満月は地球にもっとも接近し、もっとも輝きを放ちます。

これは農家の伝統と信仰心が混じった祭りです。伝統的に、農民は豊作の兆しを求めて、期待と祈りを込めながら月を観察してきました。それは、豊穣の祈りをともなった月への信仰心とも言えます。また、中秋節は子どもの祭りでもあります。大人は子どもたちにおもちゃや新しい服を与え、あちこちでパレードが企画されます。子どもたちがランタンを掲げて、ムア・ランと呼ばれる獅子舞の激しいリズムに合わせて行進するのです。

中秋節でもさまざまな神に敬意を表しますが、わたしのお気に入りは月の女神に関する伝説です。諸説ありますが、わたしの家で語られているお話はこうです——昔々、地球の周りには10の太陽が回っていました。そのせいで、地球は火事となり、湖と海が干上がってしまったので、ハウ・ゲという名の若い男が山に登り、9つの矢を放って9つの太陽を打ち落としました。地球を救った功績を讃え、1人の女神がハウ・ゲに不死の秘薬を授けました。

この記念日に、ベトナム人は親しい人同士で月餅を贈り合います。餅に入れる塩漬けの卵の黄身（切ったときの断面が月を彷彿させます）と特別な型押しが必要なため、ほかの伝統的な菓子に比べて月餅は非常に高価です（1個80000〜100000ドン、日本円で約450〜570円）。自家製ならもっと安く作ることができます。

その後、ハウ・ゲはハン・ガーという女性に出会い、恋に落ちます。ふたりは結婚し、夫は妻に秘薬を預け、大事に守るようにと頼みました。ところが、この秘薬が人の欲をかき立ててしまったのです。ある日、ボン・モンという男が秘薬を盗もうと夫婦の家に忍び込み、ちょうど家にいたハン・ガーに剣を突きつけて脅しました。ハン・ガーはとっさに秘薬の隠し場所に向かい、男に奪われる前に一気に飲み干したのです。

ハン・ガーはすぐに神の力を授かり、身体が宙に浮き、天に舞い上がっていきました。ボン・モンはその場から逃げ出しました。ハン・ガーは月にしがみつきましたが、もう夫に会えないのかと思うと胸が張り裂けそうでした。ハン・ガーの失踪に気づいたハウ・ゲは、妻の名を叫び、絶望に打ちひしがれて天を仰ぎます。そこには、いつもよりも美しく輝いている月が浮かんでいました。思わず見と

れていると、なんと月に妻のシルエットが浮かんでいるではありませんか。何が起きたのかを理解したハウ・ゲは、妻が払った犠牲に敬意を表するため、庭にテーブルを出して妻の好物で埋め尽くし、線香を焚きました。ハウ・ゲの嘆きはすべての人に伝わり、どこの家でも、月の女神となったハン・ガーへの贈り物をのせたテーブルを用意するようになったのです。

ハウ・ゲとハン・ガーがおたがいの姿を見ることができるように、毎年同じ時期になると、地球と月は距離を縮めるのです。

伝統的な月餅用の型枠は木製です。インターネットが普及したおかげで、いまでは海外でも簡単に手に入れることができます。特産品の塩漬けの家鴨の卵は、アジア食材店で購入可能です。塩漬け卵は濃い塩水に1か月漬けて作ります。白身は食べられないほど塩辛くなってしまいますが、黄身は味が凝縮し、非常に軟らかくなります。

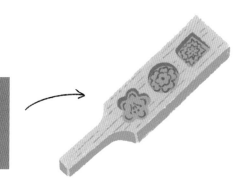

菜食主義

国民の大多数が仏教徒であるベトナムには、菜食主義の文化が深く浸透しています。
僧侶は、いかなる暴力行為も許してはならぬという教えのもと、
厳しい菜食主義を貫きます。一般の仏教徒たちはそこまで厳格ではありませんが、
生き物への哀れみを示すために菜食主義を取り入れています。祭りや祝いごとの機会に、
殺生せずに料理することで祈りの力を高め、運気を上げるのです。
旧正月や結婚式ではベジタリアン料理しか食べない家庭もありますし、
大事な試験の1週間前は菜食主義を貫くという人たちもいます。

このような背景から、ベトナムではベジタリアン料理が盛んで、創造性に富んだ料理がたくさんあります。とくに野菜、根菜、フルーツをどのように調理するかが重要ですが、「偽肉」も存在しています。いわゆるセイタン（グルテンミート）と呼ばれるもので、時間をかけて水と小麦粉からなる生地を作り、風味豊かなスープでゆでて食べます。フライパンで炒めたり揚げたりして使うこともできます。鶏肉、豚肉、鴨肉のセイタンは、本物そっくりの味と食感です！

鴨肉セイタンの缶詰

ベトナムでは、菜食主義者でも伝統的な料理を食べることができます。揚げ春巻き、生春巻き、フォー、ベトナム風豚の角煮など……もちろん、ベジタリアンバージョンで！

ベジタリアン向けベトナム風豚の角煮

4人分

生ショウガ20g、ニンニク2片、小麦グルテン680g、ひよこ豆粉大さじ4、麦芽酵母大さじ4、マッシュルームパウダー20g、ガーリックパウダー大さじ2、オニオンパウダー大さじ2、野菜のブイヨン500ml（＋2リットル）、無糖ココナッツジュース500ml（ココナッツウォーター、またはココナッツの実から直接採取した果汁でも可）、ヌクマム大さじ4、醤油大さじ2（＋大さじ2）、砂糖100g、塩2g、黒コショウ2g

1. セイタンの生地を作る。ボウルに小麦グルテン、ひよこ豆粉、麦芽酵母、ガーリックパウダー、オニオンパウダーを入れて混ぜる。野菜ブイヨン500ml、醤油大さじ2、マッシュルームパウダーを少しずつ加えながら、木杓子で混ぜつづける。生地がまとまってしっかりしたら調理台にのせ、弾力が出るまで10分手でこねる。
2. オーブンを180℃に予熱しておく。セイタンの生地を円筒形に丸め、幅2cmの輪切りにする。クッキングシートをしいた天板にのせて、オーブンに20分入れる。
3. 野菜ブイヨン2リットルと醤油大さじ2を鍋に入れて、弱火にかける。2のセイタンを入れて40分煮込む。
4. セイタンを取り出し、金網にのせてしっかり湯を切ってから薄切りにする。
5. 煮汁を作る。鍋に砂糖と水50gを入れ、混ぜずに強火にかける。砂糖が茶色くなったら混ぜはじめる。滑らかになったら、セイタンの薄切り、皮をむいてみじん切りにしたニンニクと生ショウガ、黒コショウ、ココナッツジュース、ヌクマムを加えて混ぜる。蓋をして弱火で1時間煮込む。
6. 蓋を開けて、煮汁がシロップ状のソースになるまで、さらに30分煮込む。塩で味を調える。
7. 小口切りにしたワケギ（分量外）をセイタンの上に散らす。辛くしたいなら、生トウガラシも加える。皿に盛ってテーブルの中央に置き、ご飯といっしょにいただく。

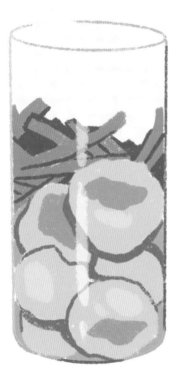

スイーツとドリンク

ベトナム人は甘いものには興味がないと思っているなら、
それは大きな間違いです。
たしかに消化を促すために食事の最後にフルーツを食べたり、
お茶を飲んだりすることはあっても、デザートで食事を締めくくることは
めったにありません。デザートを食べるのは、食生活が西洋化している人や、
現代的なレストランで食事をするときだけです。
ですが、ベトナムにはたくさんのスイーツとドリンクがあり、
人々のあいだで親しまれています。
一日に何度も屋外でおやつ休憩をとったり、人と会ったりするベトナム人にとって、
スイーツとドリンクは欠かせないものなのです。

チェー

ベトナムを代表するもっとも有名なスイーツといえば、
チェーです。
大きなガラスのコップに入れて出される
甘いスープのようなデザートで、
冷たいものと温かいものがあります。
伝統的なレシピもありますが、
ベトナムでは自分の好きな具を入れて、
オリジナルのチェーを作るのが一般的です。
定番レシピをいくつかご紹介しましょう。

チェー・バップ

トウモロコシのチェー。トウモロコシはそのままでもじゅ
うぶん甘く軟らかいので、チェーにぴったりなのです。さら
に糯米やタピオカパールなども加えて、ココナッツミル
クをかけていただくこともできます。チェー・バップは温
かいチェーです。

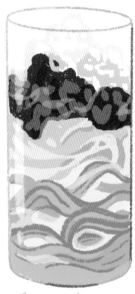

チェー・バー・マウ

伝統的なレシピのひとつ。「3色のチェー」という意味で、
赤色の小豆（ウォーターチェスナッツのバージョンもあり）、
黄色の緑豆餡、緑色のパンダンリーフのゼリーを重ねて、
きび砂糖シロップとココナッツミルクをたっぷりかけた冷
たいチェーです。クラッシュアイスがのっていることも多
いです。ベトナムではインゲンマメがスイーツの材料とし
てよく使われますが、栗に似た食感をしています。

チェー・バー・バー

甘いココナッツミルクでゆっくり煮込んだ根菜（タロイモ、
キャッサバ、サツマイモ、タピオカ）がゴロゴロ入った、
色鮮やかなチェーです。これだけでお腹いっぱいになる、
と人気の一品です。

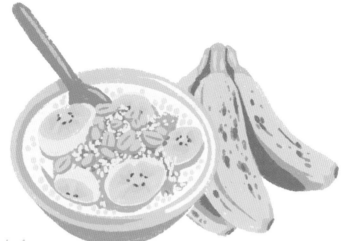

チェー・チュオイ

子どもたちのいちばん好きなチェーとして人気です。材料はタピオカパール、ココナッツミルク、ピーナッツ、白ゴマ、そしてチュオイ・スーです。チュオイ・スーは甘みが強くてとても軟らかい小さいバナナです。

6人分

小さいバナナ6本、タピオカパール50g、砕いたローストピーナッツ、炒った白ゴマ、ココナッツミルク400ml、水400ml、きび砂糖50g、塩

1. バナナを幅5mmの輪切りにしてボウルに入れる。砂糖をふりかけてそっと混ぜ、空気に触れさせたまま30分置く。
2. タピオカパールを冷たい水に20分浸し、しっかり水を切る。
3. 水400mlを鍋に入れて中火にかける。沸騰したらタピオカパールを入れ、絶えずかき混ぜながら10分ゆでる。ココナッツミルクと1を加え、さらに5分、静かにかき混ぜつづける。
4. 塩ひとつまみを足して、強火にする。沸騰したらすぐに火を止め、そのまま1分、静かにかき混ぜる。
5. 熱々をすぐに、または少し冷ましてから器によそい、砕いたローストピーナッツと炒った白ゴマをのせて出す。

チェー・ダウ・サィン

家庭で食べるチェーとして親しまれています。必要な材料は緑豆、砂糖、ココナッツミルク、水の4つだけで、作り方もとにかく簡単です。緑豆は陰の食材なので、温かくしても冷たくしても、さっぱりとした味わいが特徴です。細かく切った昆布を入れるレシピもあり、人々に好まれています。

ケーキ

ベトナムではケーキをデザートとして食べません。その多くが、
おやつの時間のお茶請けや、小腹が空いたときの間食として食べられています。

バイン・ボー（蒸しケーキ）

カラフルな小さいケーキは、米粉とタピオカ粉とココナッツミルクを混ぜて発酵させた生地に、着色料で色を付けてから蒸し上げます（色のない白いものもあります）。
同じ材料を使ったバイン・ボー・ヌオンというケーキ（いちばん下のイラスト）は、パンダンリーフを煎じて着色し、オーブンで焼き上げます。米粉とタピオカ粉が酵母の働きで蜂の巣房の形に膨らむことから、フランス人はこのケーキを「蜂の巣」と呼んでいます。

バイン・カム（ゴマ団子）

ドーナッツに似た小さなケーキです。揚げたカリカリの皮は小麦粉と糯米を混ぜた生地で、表面にゴマをまぶしてあり、中には緑豆の餡が入っています。カムはくだものの「オレンジ」のことで、形が似ていることからこの名前が付きました。東南アジアの広い範囲でこのケーキのバリエーションを見つけることができます。中国では蓮の実やピーナッツの餡が、日本では小豆餡が入っています。

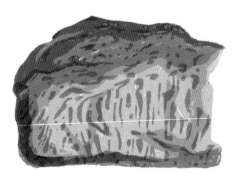

バイン・ピア（饅頭）

この小さなケーキは、サクサクした皮に押された焼き印が目印です。中の餡は緑豆が一般的ですが、タロイモや山芋、ドリアンの餡が詰まったものもあります。高価なものには、塩漬けの卵の黄身も入っています。

バイン・ザー・ロン

ちょっと変わった名前のケーキです。ザー・ロンは「豚の皮」という意味です。たしかに、このケーキのいくつも重なった層が、肉と脂が重なる豚バラ肉に見えなくもありません。実際には、パンダンリーフと緑豆で作った生地を交互に重ねて作られています。

バイン・ガン

ラオス、カンボジア、タイをはじめとした、東南アジア全域で親しまれているめずらしいケーキです。牛乳をココナッツミルクに替えて作られたこのケーキは、フランスの植民地化の影響で生まれました。名前も特徴的で、ガンの意味はなんと「レバー（肝臓）」。焼き上がりの色と食感がレバーに似ていることに由来しているのですが、このケーキ、食べたら止まらなくなる絶品です。

6人分

卵6個、スターアニス(八角)3粒、重曹ふたつまみ、ココナッツミルク400ml、きび砂糖220g

1. オーブンを180℃に予熱しておく。
2. 水を入れた湯煎鍋にケーキ型を入れ、そのまま鍋ごとオーブンに入れて温めておく。
3. 鍋にココナッツミルク、砂糖、スターアニスを入れ、弱火に10分かける。火を止めて30分そのままにして香りを抽出する。スターアニスを取り出す。
4. ボウルに卵を入れて泡立てる。そこに3と重曹を加えて、静かに混ぜる。
5. 湯煎鍋からケーキ型を取り出し、4を流し込む。ケーキ型を湯煎鍋に戻し、オーブンに1時間入れる。
6. ケーキは冷やして食べる。冷蔵庫で一晩冷やしてから食べるといい。

冷たいスイーツ

ベトナムで冷たいスイーツが親しまれるようになったのは1950年代のこと。
国の近代化が進み、食材の冷凍保存ができるようになってからです。
バラエティ豊かな冷たくて甘いお菓子は、いまではすっかり人気のスイーツとなりました。
たとえば、老舗のアイスクリーム屋「ケム・チャン・ティエン」は、
地元の食材を生かして、米粉や緑豆、タロイモ、そしてドリアンなど、
ベトナム人が親しみやすい味のアイスクリームを売っていることで有名です。
通りの屋台でも、おいしくて冷たいスイーツがたくさん売られています。

タロイモの
アイスクリーム

ケム・フラン

ケムはベトナム語でアイスクリームという意味ですが、その名の通り、これは冷たいプリン（フラン）です。このベトナム風プリンは、まさにフランス植民地時代の遺産といえるでしょう。型から外して皿にのせ、ココナッツミルクやコーヒー、コンデンスミルクをかけたら、クラッシュアイスをのせていただきます。

ケム・ボー

アボカドのアイスクリーム。ボーはバターとアボカドの両方の意味がありますが、口に入れたアボカドの食感はまさにバターのようなまろやかさです。アボカドはフルーツなので、ベトナムでは主にデザートの材料として使うことが多いです。このアイスクリームはびっくりするほどクリーミーな味わいです。

ケム・ソイ

ベトナム料理に米は欠かせません。それはアイスクリームも同じです。ただの米のアイスクリームもありますが、このスイーツは煎じたパンダンリーフで炊いた糯米にココナッツアイスをのせ、ココナッツの実を削ってローストしたものをトッピングした特別な一品です。

ケム・チュオイ

パンダンリーフを煎じたココナッツミルクに小ぶりのバナナを入れ、細かく砕いたピーナッツとココナッツの実をまぶして凍らせたアイス。子どもでも作れるほど簡単なレシピで、特別な道具もいりません。

4人分

小さいバナナ6本、パンダンリーフ2枚、ピーナッツ、ローストココナッツチップ、タピオカ粉50g、ココナッツミルク150ml、コンデンスミルク150ml、塩

1. 鍋にココナッツミルクとコンデンスミルクを入れる。パンダンリーフを加えて、中火に10分かけて煎じる。タピオカ粉に水大さじ2を入れ、生地が均等になるまで混ぜる。鍋からパンダンリーフを取り出し、代わりにタピオカ粉の生地と塩ひとつまみを加え、ていねいに混ぜる。そのまま保存する。
2. クッキングシートの上に皮をむいたバナナをのせる。上からもう1枚クッキングシートをのせ、手で押して5mmの厚みに潰す。
3. 細長い容器の内側をラップで覆う。底にローストして砕いたピーナッツとみじん切りにしたローストココナッツチップをたっぷり散らし、1の半量を流し込む。潰したバナナをのせ、上に1の残りを流し込み、最後にまたピーナッツとココナッツチップをたっぷり散らす。表面をラップで覆い、冷凍庫で4時間冷やす。
4. 個別のアイスバーの形にしたいときには、冷凍用の小袋を使って上記の通りに作り、棒を差し込んで凍らせる。

砂糖菓子 ［ケオ］

ベトナムではしばしば祝い事のテーブルに砂糖菓子を並べ、
招待客などにふるまいます。ここで紹介する菓子はほとんどが地方の銘菓なので、
その土地を訪れることがあれば、ぜひ食べてみてください。

ケオ・メー・スン

フエの郷土菓子。ゴマとピーナッツのヌガーのようなお菓
子です。キャラメルにタピオカ粉を混ぜているので芯まで
とても軟らかく、口に入れたときの食感を楽しめます。

ケオ・ズア

ココナッツキャンディー。野生のココナッツが群生してい
るメコンデルタ地方ベン・チェの郷土菓子です。このキャ
ンディーを作るためには、よく熟れたココナッツの実から
とれた果汁と糯米粉、砂糖が必要です。パンダンリーフや
ドリアン、ピーナッツ味のものもあります。

ケオ・クー・ドー

糖蜜のカラメルにショウガとピーナッツを混ぜたものを、
焼いた米粉の生地2枚で挟んだ飴菓子です。ベトナム北部
ハ・ティンの郷土菓子で、ハイという名の男性が考案した
といわれています。ハイはベトナム語で「2つ」という意味
もあるので、この菓子を愛したフランス人はフランス語で
「ふたりのキャンディー」と呼びました。それが「ケオ・クー・
ドー」という名前の由来です。

ケオ・メー・カイ

タマリンドキャンディー。海外ではあまり知られていない
タマリンドですが、わたしのお気に入りのフルーツです。
タマリンドの豆のようなサヤの中には、甘くて酸味の利い
た軟らかな果肉が隠されています。タマリンドの果肉に砂
糖と刻んだトウガラシを混ぜたこのキャンディーは、パン
チのある味わいが特徴です。

バイン・ダウ・サイン

個別に包装されている小さなキューブ状のお菓子です。ベトナム北部ハノイの近くで生まれたこのお菓子は、緑豆の粉末ペーストと砂糖に、グレープフルーツのエッセンシャルオイルを数滴加えて作ります。アーモンドパウダーを固めたような食感ですが、とてももろく、口に入れるとすぐにとろけてしまいます。

ケオ・マック・ニャ

子どもたちが大好きな小さな棒付きキャンディー。麦芽糖を溶かして、棒に絡めて冷やして作ります。飴だけのもののほかに、甘く塩辛い小粒のプルーンを真ん中に閉じ込めたものもあります。

ケオ・チュン・チム

直訳すると「鳥の卵のキャンディー」という意味のこのお菓子は、ベトナム版ドラジェ（アーモンドを糖衣で包んだお菓子）ともいわれています。ただし、糖衣の下に隠れているのはピーナッツ。旧正月（テト）のあいだ、子どもたちが食べるお菓子です。

フルーツ

地理的立地と気候のおかげで、ベトナムには独特な味わいの
エキゾチックなフルーツが溢れています。
家の庭で簡単に栽培することができ、
デザートやおやつ代わりにいつでも食べられています。

ドリアン
[サウ・ジエン]

ベトナム人が愛してやまないフルー
ツです。よく街なかで「ドリアン禁
止」の貼り紙を見かけますが、それ
ほどにおいは強烈です。ドリアンの
においのせいで具合が悪くなった観
光客が何人も……重さはだいたい
5kgくらいで、殻は大きく突き出た
トゲで覆われています。果肉はクリ
ーミーで、たとえるならしっかり熟
成させた甘いチーズに似ています。

ジャックフルーツ
[ミッ]

数kgもの重さがある大きなフルー
ツです（なんと20kgあるものも！）。
堅い皮の表面には小さな突起物がた
くさん付いていて、果肉はジューシ
ーで甘く、繊維質で、マンゴーに似
た味わいです。

バンレイシ（カスタードアップル）
[クア・ナ]

「チェリモア」「サワーカップ」とも
呼ばれています。うろこ状の皮の中
には、やや酸味のある、ねっとりと
したシナモン風味の果肉が隠れてい
ます。種がたくさんありますが、食
べられないので注意してください。

リュウガン[ニャン]

ライチの仲間です。殻をむくと目玉
のように見えるため、別名「龍の眼」
とも呼ばれています。味と食感はラ
イチに似ていますが、匂いは少し独
特です。

ランブータン
[チョム・チョム]

ライチと同じムクロジ科のフルーツ
ですが、殻はピンクの毛に覆われて
います。果肉はライチよりもしまっ
ていて、甘さもひかえめです。

マンゴスチン
[マン・コッ]

小さなフルーツですが、堅く厚い殻
の下には繊細な酸味の、ジューシー
な果肉が隠されています。味はライ
チを彷彿とさせます。

カラマンシー
[チャイ・タック]

見た目はライムに似た小さな柑橘類ですが、果肉はオレンジ色です。味はキンカンやマンダリンに似ています。果汁はフレッシュレモネードや料理によく使われます。

ウォーターアップル
[チャイ・マン]

シャリシャリした食感の果肉は洋ナシに似ています。熟れる前に摘んだものは皮に酸味があり、ベトナムではそれを塩とトウガラシを混ぜたものにつけて食べます。よく熟すと皮が赤くなり、甘味が強くなります。

スターアップル
[ヴー・スア]

ベトナム語でこのフルーツのことを「母乳」といいます。皮は緑色のものと紫色のものがあります。しっかり熟したら、2つに割って、スプーンで果肉をすくって食べます。味と食感はヨーグルトに似ています。

ポメロ(文旦) [ブオイ]

グレープフルーツの仲間。分厚い皮の下に隠れているのは、しっかりしたジューシーな果肉で、グレープフルーツの繊細で酸味の利いた味を彷彿とさせます。

ドラゴンフルーツ [タイン・ロン]

とても美しい果実です。果肉にはキウイのように小さな種が散らばっていて、非常にみずみずしく、酸味はほとんどありません。喉の渇きを癒やしてくれるフルーツとしてベトナム人に愛されています。

ここで紹介したフルーツはどれも、さまざまな方法でおいしく食べられます。たとえば、

● そのままで
● 塩とトウガラシを混ぜた調味料をつけて
● 甘いヌクマムソースをつけて
● シュリンプペーストをつけて
● コンデンスミルクとともに(とくにアボカドとよく合います)

ジュース

ベトナム料理に負けず劣らず、ベトナムの飲み物も
おいしくてバラエティに富んでいます。
食事中の飲み物のことではありません。
ベトナム人が食事のときに飲むのは、
水かビールかお茶だけです。
これから紹介するのは、
軽食のように親しまれている飲み物です。

生ココナッツジュース
[ズア・トゥオイ]

これ以上に新鮮な飲み物はありません！　通りのあちこちにココナッツを売っている売り子がいます。注文すると目の前で大鉈（おおなた）を使って穴をあけ、ストローをさしてくれるので、あとは新鮮なジュースを飲むだけです。飲み終わったら、内側の果肉を削って食べることもできます。

サトウキビジュース
[ヌック・ミア]

とても爽やかな味わいのジュース。通りにいる売り子に注文すると、その場でサトウキビを搾って作ってくれます。搾ったジュースを少量の氷といっしょにプラスチックの袋に入れ（甘味の調整にカラマンシーを搾ってくれることもあります）、ストローをさして袋の口を輪ゴムでしっかり閉じれば、ストローが固定され袋も密封されます。

豆乳
[スア・ダウ・ナィン]

とても元気の出る飲み物です。温めても冷やしても、甘くしてもおいしく飲めます。通りの屋台で豆乳を頼むと、よく小さなお菓子もいっしょにすすめられます。何時間も水に浸けた大豆を煮て搾ったものが豆乳ですが、注文するとたいてい目の前で搾ってくれます。

カラマンシージュース
[ヌック・タック]

カラマンシーはキンカンとマンダリンのあいだのような柑橘類です。これはその果肉ときび砂糖を水で薄めた飲み物で、どこか懐かしい味のする子どもたちに人気のジュースです。同じように、塩漬けのカラマンシー [タック・ムオイ] を使って作ったジュースもありますが、そちらはほんのりしょっぱく甘い飲み物です。

フルーツスムージー
[シン・トー]

ベトナムでは、フルーツの数だけスムージーがあります。ベトナムスムージーはフルーツを氷、コンデンスミルクといっしょにミキサーで撹拌して作ります。通りでいちばん売れるのはアボカドのスムージーですが、ほかにもドリアン、緑豆、ジャックフルーツ、バンレイシ、ドラゴンフルーツなど、さまざまなスムージーが売られています。

アボカトのスムージー
[シン・トー・ボー]

<u>4人分</u>

・完熟アボカド1個
・氷100g
・コンデンスミルク50g
・牛乳50g

1. アボカドの皮をむく。アボカドを2つに割り、種にナイフを突き刺し、まわして果肉から取り外す。皮をむいて、果肉をざく切りにする。
2. アボカドの果肉、氷、コンデンスミルク、牛乳をミキサーに入れて、撹拌する。

便利な情報

ベトナムではほとんどの飲み物に氷が入っています。まだ冷蔵庫が普及していない町や村では、ビールも氷を入れて飲みます。東南アジアでは氷を食べないほうがいいという声をよく耳にしますが、ベトナムの氷は安全です。ベトナムの製氷技術はフランス植民地時代に伝来しました。ベトナムの多くの製氷工場では濾過した水が使われているので、氷もいたって安全です。ただし、素手で氷を砕くことの多いクラッシュアイスには気を付けてください。

アルコール

米の酒 [ズオウ・ゼ]

ベトナムビール以外にも、ベトナムで愛されている酒は
いくつもあります。なかでもいちばん人気なのは、なん
といっても米の酒です。レストランでの締めの飲み物や、
家に招かれたときの歓迎のしるしとしてふるまわれるこ
とが多いです。ベトナム人のほとんどの家で、伝統的な
米や糯米を使って造られています。

米を国の宝とするベトナム人は、その米から生まれた酒
も神聖な飲み物と考えています。酒を飲むことで人は神
に近づけるという考えまであるほどです。

ライスワイン [ズオウ・カン]

ベトナムの少数民族によって伝統的に造られている酒で、旧正月や結婚式などの特別
なときに飲まれます。米を大きな陶磁器の壺に入れて香草や香辛料といっしょに保存
し、何週間もかけて発酵させます。ココナッツウォーターやビールなどほかの飲み物
と混ぜて、細長い竹のストローをさして壺から直接吸って飲むのが特徴です。

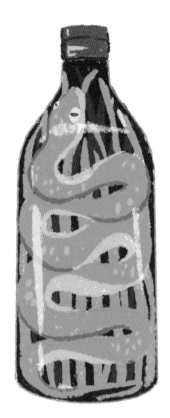

薬膳酒
［ズオウ・トゥオッ］

薬膳酒の瓶を見ると衝撃を受けるかもしれませんが、実際にこの酒を飲むベトナム人はほとんどいません。香草と香辛料を加えた米焼酎に、ヘビやカエル、トカゲ、サソリなどのさまざまな野生動物が入っています。滋養強壮の役割をはたしつつ、身体の痛みやリウマチにも効果があるといわれています。

ベトナムには人気の土産物屋がたくさんありますが、そこで売られている薬膳酒はほとんどが飾りのため、飲むのは絶対におすすめしません。もし試してみたいなら、バーやレストラン、もしくは伝統的な薬局に行くとよいでしょう。

ダラットワイン
［ヴァン・ダ・ラット］

山の高台にあったダラットの街を発見した入植者たちは、その地の温暖な気候なら、フランスの作物を栽培できるかもしれないとひらめきました。かくして、イチゴ、アスパラガス、アーティチョーク、ブドウの栽培がダラットではじまりました。年に3回収穫できるブドウのおかげで、ダラットワインが誕生したのです。

ベトナム国内で簡単に手に入りますが、どちらかというと贈り物として扱われることが多く、ベトナム人のあいだでこのワインを飲む習慣はあまりありません。生産量の大多数が海外に輸出されています。

コーヒー ［カ・フェー］

ベトナムはコーヒー豆の産地としては世界第2位、さらに「ロブスタ」種の栽培では
世界第1位です。西洋市場ではコーヒーにコクと力強さを加えるため、
「ロブスタ」種を「アラビカ」種にブレンドして使います。
フランス人が持ち込んだコーヒーですが、ベトナムでは独自の楽しみ方が見出されています。

早朝、通りにはたくさんのコーヒー屋台が店を連ね、プラスチックの小さな腰
掛けをいくつも並べて客を迎えます。席に着くと、ステンレス製のコーヒーフ
ィルターに粗挽き豆を入れて直接カップにのせたものが出てきます。客は目の
前でゆっくりと濃いコーヒーが抽出されるのを待ちます。

ブラック［カ・フェー・デン］でも飲めますが、これはあまり一般的な飲み方
ではありません。ロブスタ種100%のコーヒーは非常に濃いので、砂糖なし
［コン・ドゥオン］とオーダーしないと、カップの底に小さじ4〜5杯分の砂糖
が入った状態で提供されます。

アイスコーヒー ［カ・フェー・ダー］

コーヒーフィルターをのせたカップと、クラッシュアイス
が入ったコップが出てきます。コーヒーの抽出が終わるの
を待ってアイスの上に注げば、アイスコーヒーのできあが
りです！ こちらも砂糖入りで提供されるのが普通なので、
甘いのが苦手な人は砂糖なしと注文しましょう。

ベトナムアイスコーヒー
［カ・フェー・スア・ダー］

ベトナムでいちばん人気のドリンクはこれです。植民地時代、牛乳
の生産が行われていなかったベトナムに、フランス人はコンデンス
ミルクを持ち込みました。彼らには濃すぎたコーヒーの味をまろや
かにするためです。現在、コンデンスミルクがベトナムでもっとも
消費量の多い乳製品になったのは、この飲み物のおかげです。

コーヒーフィルターをのせるカップの中に、あらかじめ甘いコンデ
ンスミルクを入れて作ります（コーヒー 2/3に対してコンデンスミ
ルク 1/3）。抽出が終わったらスプーンでかきまわし、クラッシュ
アイスを入れたコップに注げば完成です。氷に注がずそのままホッ
トでも飲めますが、人気があるのは断然アイスです。

ヨーグルトコーヒー
[カ・フェー・スア・チュア]

このコーヒーを考えたのも、牛乳の代替品を探していたフランス人です。一見、突拍子もないような組み合わせに思われますが、コーヒーにヨーグルトのほのかな酸味がとてもマッチしています。ベトナムでは「すっぱいミルクコーヒー」と呼ばれています。

ココナッツミルクコーヒー
[カ・フェー・コッ・ゾア]

氷とココナッツミルクとコンデンスミルクをいっしょにミキサーにかけて、コーヒーと混ぜます。シャーベットのような食感の楽しいドリンクです。

コーヒースムージー
[シン・トー・カ・フェー]

フルーツスムージーにコーヒーを混ぜたモダンなドリンクです。作られたのは最近ですが、ベトナムで大人気です。南国フルーツを使ったスムージーならなんでも合わせられますが、いちばん人気はアボカドです。

エッグコーヒー
[カ・フェー・チュン]

ハノイの名物です。このコーヒーもフランス人によって考案されました。牛乳を使わずにカプチーノのムースを再現しようとしてできたドリンクです。卵黄とコンデンスミルクを混ぜてとろりとしたムース状になるまでしっかりと泡立て、牛乳のムースに見立てました。

カップ2杯分

・コーヒー 2杯
・卵黄2個
・コンデンスミルク小さじ3
・砂糖小さじ1

1. ボウルに卵黄と砂糖を入れ、ムース状になるまで泡立て器でかき混ぜる。コンデンスミルクを少しずつ加えながら混ぜつづける。クリームの量が倍になりふんわりしたら、空のコーヒーカップの中に半分ずつ入れる。
2. 熱々のコーヒーをクリームの上から注ぐ。コーヒーの熱でクリームに軽く火が通るまで1分待ってから、熱いうちにいただく。

茶 ［チャー］

ベトナム人は朝起きてから寝るまで、一日中、お茶を飲んでいます。
コーヒーと違って、お茶には砂糖もミルクも入れません。
温かくても冷たくても、ストレートで飲みます。特別な道具も技術も必要ないので、
ベトナムの通りでお茶を売っているのはほとんどがお年寄りです。
魔法瓶といくつかのコップがあればじゅうぶん。
たいていは、お茶といっしょに楽しむためにタバコも売られています。

ベトナムのお茶文化は中国の影響で発展しました。その昔、お茶を飲むのは、精神状態を整えて瞑想をしやすくするためで、上流階級の人のための洗練された文化とみなされていました。いまでは次の3つの理由からお茶が親しまれています。喉の乾きを癒やし、水分補給をするため。家族や友人で集まり、お茶を飲みながら和やかな時間を共有するため。そして、お茶の薬効で自分を癒やすためです。カフェインの有害な作用がないお茶には体力を回復させる力があり、風邪、頭痛、腹痛や赤痢などにも効果的です。

アジアの多くの国では儀式化したお茶の作法が見られますが、ベトナムではそれほどでもなく、みんなリラックスしてお茶を楽しんでいます。とはいえ、家庭内や上流階級の集まりでは、熱いお茶を飲むときは両手で茶碗を持って少しずついただくのがマナーとされています。

いろいろなお茶の種類

ベトナムで茶葉の栽培がはじまってから3000年以上経ったいまでも、茶摘みは女性の手作業で行われています。ベトナムでいちばんよく飲まれているのは、緑茶です。緑茶の茶葉はベトナム北西部で栽培されており、フレッシュでフルーティな味わいです。緑茶を酸化させたものが紅茶で、これは主に輸出用です。ベトナム南部ではウーロン茶も栽培されていますが、さらにフレッシュで華やかな風味が特徴です。いずれもストレートで飲むことが多いですが、蓮、ジャスミン、菊の花などと合わせてフレーバーティーにしても楽しめます。

アーティチョークティー
[チャー・アティソー]

肝臓の解毒をしてあらゆる痛みを和らげてくれることでよく知られているお茶です。主に使うのはアーティチョークの頭の部分だけですが、赤紫色の小さな花を付けたものを選ぶとよいといわれています。ほんのり自然の甘さを感じる、ヘーゼルナッツのような味がするおいしいお茶です。

ライムティー [チャー・チャイン]

ベトナム人の若者に人気で、誘い文句にもよく使われます。たとえば、友だちを誘うときは「チャー・チャイン・カウン？（ライムティー飲みに行かない？）」といいます。作り方はとても簡単です。

1. 鍋に湯を沸かす。沸騰しそうになったらすぐに火を止め、緑茶の葉を入れて3分抽出する。
2. 茶をこして、ライムの果汁と輪切り、砂糖を入れて混ぜる。
3. 氷をたっぷり入れたグラスに注ぐ。

香草茶 [ノック・サム]

サイゴンでよく飲まれているお茶です。ベトナムの香草茶は、甘くて冷たいのが特徴です。少し田舎のお店に行けば、それぞれの店で、いろいろな薬草と砂糖とサトウキビで作ったオリジナルの香草茶を飲むことができます。香草茶の入った容器はたいてい、氷に浸けて保存されています。

ベトナムでは蓮はまさしく気高さの象徴です。蓮茶もとても有名で、「王の茶」という異名が付いているほどです。蓮茶は乾燥させた茶葉だけでなく、生の蓮の花を使って淹れるものもあります。新鮮な蓮の花を摘み取り、蓮の葉に包んで一晩寝かせて、お茶にします。

索 引

ナタリー・グエン

　まずはわたしの優しい夫ニコラに感謝します。そばにいて、わたしの人生をうんと楽しくしてくれてありがとう。この本を書いているあいだ、アイロンをかけたり掃除をしたり、わたしたちのすばらしい娘のニーナ・マイをお風呂に入れたりしてくれてありがとう。

　わたしのかわいいニーナ・マイへ。本当にすばらしい子、いつもわたしたちを驚かせてくれてありがとう。あなたに見つめられると心が暖かくなって、毎日自分の成長を感じることができる。あなたの母親で本当によかった。もちろん父にも感謝。この本を書くために、父には一年も前からたくさん助けてもらいました。それに姉のトラム。わたしたちの母はいつも夜まで働いていて、あまりにも早く逝ってしまった。だから姉はわたしの母親代わりです。

　メロディー、本当にありがとう。あなたの絵を見た瞬間から、わたしは夢中になりました。オーレリー・エ・マンゴー出版社の皆さん、わたしたちを信頼してこの小さな宝石を生み出させてくれてありがとう。

　わたしの結婚式で、あのすてきな「3番テーブル」に同席した親友たちを紹介せずに、この本を締めくくることはできません。アモーリー、リンダ、アマベル、ロアン、ティエリー、ソネッツ、ローレンス、ブルーノ、レティシア、ステファニー、アラン、それにオードリー……あなたたたちは、わたしの家族です。また、心の家族であるレストラン『マザー』のチームのみんなにも、感謝を伝えます。

　わたしのかわいいペットにも心から感謝のキスを。柴犬のオイシイと気性の激しいベンガル猫のバーディ。散歩に連れて行かなきゃいけないし、トイレの砂も替えなきゃいけないけど（ニコラ、ありがとね）、君たちは本当にかわいいよ。

メロディー・ウン

　まず誰よりも先に、大切な従姉妹のソフィーに感謝します。この本の挿絵画家を探していたナタリー・グエンという女性をSNSで見つけてくれました。

　ナタリー（誰よりも美人で才能溢れる最高の女性！）、いっしょに仕事ができたこと、本当に嬉しく思っています。マンゴー出版社のオーレリーとシルヴェーヌへ、わたしたちを信頼してくださってありがとうございました。この本に関わってくれたチームの皆さんにも感謝します。

　ポッドキャスト『バイン・ミー』の創設者、リンダにも感謝を。わたしにチャンスを与えてくれた人。わたしがアジアンフードのイラストを初めて描いたのは、あなたがきっかけだった。リンダ、あなたのエネルギーとセンスは、わたしにとってインスピレーションの大きな源です。

　母、妹、パートナーのミッキー、そして応援してくれたすべての人に感謝します。

知（し）っておきたい！ベトナムごはんの常識（じょうしき）
イラストで見（み）るマナー、文化（ぶんか）、レシピ、ちょっといい話（はなし）まで

2023 年 7 月 1 日　第 1 刷

著者	ナタリー・グエン[文]
	メロディー・ウン[絵]
訳者	三本松里佳（さんぼんまつりか）
翻訳協力	株式会社リベル
ブックデザイン	川村哲司（atmosphere ltd.）
発行者	成瀬雅人
発行所	株式会社原書房
	〒160-0022
	東京都新宿区新宿 1-25-13
	☎ 03(3354)0685（代表）
	http://www.harashobo.co.jp/
	振替・00150-6-151594
印刷	シナノ印刷株式会社
製本	東京美術紙工協業組合

© Liber 2023　ISBN 978-4-562-07292-7　Printed in Japan